JULES CHOUX

CHANSONS

CHANSONS

ET

SCÈNES COMIQUES

DE

JULES CHOUX

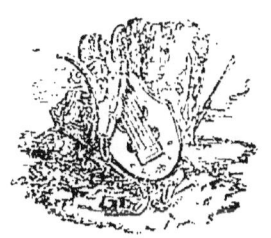

PARIS
LE BAILLY, LIBRAIRE
ÉDITEUR DE MUSIQUE

Rue Cardinale, 6, et rue de l'Abbaye, 2 bis
Faubourg Saint-Germain

PRÉFACE

Air: *Jeunes filles, jeunes garçons.*

Le mot qui tombe sous les yeux,
En ouvrant le moindre volume,
Veut, qu'ici, ma verve s'allume
Pour le chanter en vers joyeux.
    Puisque ce mot en *ace*,
    A nous, vient s'imposer,
    En tâchant d'amuser,
    Essayons d'excuser
        Ma préface.   (*bis*).

Maint rimeur, en avant-propos,
A mis en tête de son livre:
« Prenez mon ours!... faites-le vivre... »
A l'imiter je suis dispos.
    C'est donc à cette place,
    Que lira, qui saura,
    Chantera qui pourra,
    Passera qui voudra
        Ma préface.

La loi qui régit nos auteurs,
En agissant sur leur personne,
Parfois, pour complices, leur donne
Les imprimeurs, les éditeurs.
    Je vous ferai donc grâce
    De faits souvent contés,
    De méfaits trop chantés,
    En vous disant: « Chantez
        Ma préface. »

En fait de grande vérité,
Je dirai, bravant l'injustice :
Que je trouve le temps propice
Pour vendre mon fonds de gaîté.
    Excusez mon audace,
    O doyens des caveaux,
    Je livre à mes rivaux,
    Comptant sur leurs bravos
        Ma préface !

Au mari d'un joli tendron,
On vient dire au jour de la noce,
Que sa femme fut plus précoce
Que mainte polkeuse en renom.
    « Je savais ma disgrâce,
    (Dit l'époux rassuré ;)
    C'est un fait avéré :
    Un autre a déchiré
        La préface, »

Un brave écrivain renommé,
Pour la gaîté de ses ouvrages,
Obtient toujours nouveaux suffrages
Des lecteurs dont il est aimé.
    Son style si cocasse
    N'est pas bien riche, mais,
    En honneur, je le mets :
    De Kock n'écrit jamais
        De préface.

J'ai fait une préface en vers :
Si c'est neuf, j'en ai le mérite.
Qu'un collègue un beau jour m'imite,
Je supporterai ce revers.
    Suivant une autre trace,
    Je prétends, c'est certain,
    Qu'il soit ou non bon teint,
    Composer en latin,
        Ma préface.

CHANSONS
ANCIENNES ET NOUVELLES
DE

Jules CHOUX.

LE
BAPTÊME
DU
PETIT NICODÈME

CHANSONNETTE.

Air du *Carillonneur*. (BÉRANGER.)

J'ons tant ri, pus ri, pus ri, tant ri,
  Au baptême
 Du fils à Nicodème ;
J'ons pus ri, tant ri, tant ri, pus ri
Que j'en sis encor tout ahuri !

« Des papas j'augmente la série, »
Que m'écrit Nicodèm' ; c'est le moins

Chansons de J. CHOUX.   1ᵣₒ LIVR.

Que demain je m'rende à la mairie
D'son bonheur pour être un des témoins.

  J'ons tant ri, etc.

Je mets donc ma plus belle chemise
Et j'endosse en secret et sans bruit,
Mon habit vert-pomme un gilet c'rise
Pour montrer que j'honore son fruit.

  J'ons tant ri, etc.

J'arrivons tout drait à la mairie,
Juste à temps pour déballer l'poupon,
Qu'avions fait dedans sa lingerie
D'quoi cacher s'il est fille ou garçon.

  J'ons tant ri, etc.

L'employé, d'mand' comment qu'on l'appelle.
L'parrain dit : *Fidèle, Amand, Constant.*
Le premier, c'est l'nom d'un chien : *Fidèle;*
L'reste, aux fill's promet un tendre amant.

  J'ons tant ri, etc.

L'môme inscrit, nous filons à l'église,
Où l'curé, qui n'perd point son latin
Ni son eau, l'baptise, le r'baptise,
Et nous v'la r'partis pour le festin.

  J'ons tant ri, etc.

La nourric' du p'tit à Nicodème
A l'teint jaune et le nez tout violet ;

Aux enfants ell' prodigue la crême
Pour garder sur elle tout le *laid.*

    J'ons tant ri, etc.

Le repas qui d'vait finir la fête
Fut servi dans l'premier numéro :
Le fricot débordait d'chaque assiette
Et le vin coulait sur le carreau.

    J'ons tant ri, etc.

Au dessert, chacun disait la sienne ;
La marrain' qui n'chantait pas très-*bien*,
Nous a dit une ronde alsacienne
Pour ne pas jeter sa *langue* au chien.

    J'ons tant ri, etc.

Ayant bu pas mal, et dans mon **verre**,
En voyant qu'tout l'mond' ronflait un **brin**,
La marraine me prend pour son **compère**
Et m'embrass' comme si j'étais l'**parrain**.

    J'ons tant ri, etc.

D'puis c'jour-là, mon ami Nicodème,
Son marmot, sa femme s'portent bien ;
Et, moi, j' songe à faire le baptême
D'un enfant qui s'ra peut-être l'mien.

J'ons tant ri, pus ri, pus ri, tant ri,
      Au baptême
    Du p'tit à Nicodème.
J'ons pus ri, tant ri, tant ri, pus ri,
Que j'en sis encor tout ahuri !

DIOGÈNE

A PARIS

Air de *l'Histoire du mendiant.*

A travers la foule des cuistres
Après s'être ouvert un chemin,
Diogène, au banc des ministres,
Furetait, sa lanterne en main.
Il regardait partout sans gêne;
Alors, un député subtil,
Lui dit : « Que fais-tu, Diogène?...
— Je cherche un homme ! répond-il.

   « Eclaire ta lanterne
   Et cherche de nouveau;
Quitte, quitte cette caverne
Et t'en retourne à ton tonneau.
Vite, rentre dans ton tonneau. »

Guizot le poursuit et le chasse,
Mais, gaîment, il entre à la cour ;
Même sans quitter sa besace
Du palais il fait le tour.
Poussé, coudoyé, hors d'haleine,
Tout courtisan fin et subtil
Qui lui dit : — Que fait Diogène?
— Je cherche un homme, répond-il.

   « Eclaire ta lanterne, etc.

Ensuite, reprenant sa course,
Il s'en va chercher de nouveau ;
Devant le palais de la Bourse
Il arrive avec son flambeau.
Il perce le flot avec peine,
Je dirai même avec péril...
On lui dit : Que fait Diogène ?
— Je cherche un homme, répond-il.

 « Eclaire ta lanterne, etc.

De là, vers la place publique,
Mécontent, il porte ses pas,
Pour trouver l'être chimérique
Qu'il cherche et ne rencontre pas.
— Quoi, dit-il, pas une âme humaine,
Parmi tout ce monde incivil !
— Tiens, que fait ici Diogène?
— Je cherche un homme, répond-il.

 « Eclaire ta lanterne, etc.

Enfin, étage par étage,
Il monte et se trouve au grenier.
Il voit, sur une obscure page,
Sourire un jeune chansonnier.
La Liberté, vierge sereine,
Vivait là, dans un doux exil...
— Que vient faire ici Diogène?
— Trouver mon homme, répond-il !

 Eteignons ma lanterne,
  Un poëte nouveau
Doit éclairer qui nous gouverne...
Je puis rentrer en mon tonneau ;
Retournons vite à mon tonneau.

     1847.

L'ÉLIXIR DE SUZETTE

CHANSONNETTE

Air du *Petit Riquiqui*.

Gente cabaretière,
J'ai, pour charmer les cœurs,
Un baume salutaire :
L'élixir des vainqueurs !
Ma mère en sa cassette
Gardait mon avenir :
C'était une recette
Qui devait m'enrichir.
Pour faire un très-bon É⎫
Pour faire un très-bon LI⎬ *bis*.
Pour un très-bon ÉLIXIR !⎭

« Ma Suzette, sois sage,
Me dit-elle en mourant ;
Voici ton héritage,
C'est de l'argent comptant.
Car, dès qu'on a, ma fille,
Quinze ans et le désir
D'imiter sa famille,
On travaille à plaisir :
Travaille sur mon É,⎫
Travaille sur mon LI,⎬ *bis*.
Travaille sur mon ÉLIXIR. »⎭

Je suis à ma boutique
Du matin jusqu'au soir ;
Sans cesse la pratique
Assiége mon comptoir.
L'un cite ma tournure,
L'autre vante à loisir

Mes yeux, ma chevelure ;
Mais j'ai plus de plaisir,
Quand on vante mon É
Quand on vante mon LI,   } *bis.*
Quand on vante mon ÉLIXIR.

Comme chez *mam'* Grégoire,
Chacun vient à son tour,
Pour rire, chanter, boire
Et me faire la cour,
Je réponds avec grâce
A qui sait m'attendrir ;
Mais quiconque ici passe
Un moment de plaisir
Ne le doit qu'à mon É
Ne le doit qu'à mon LI   } *bis.*
Ne le doit qu'à mon ÉLIXIR.

Dans le petit commerce,
Comme il faut plaire à tous,
Le débit que j'exerce
M'attire des jaloux.
« Vendeurs de camelotte,
Cancanez à loisir !
Si je vois ma pelotte
Tous les jours s'arrondir...
C'est grâce à mon bon É,
C'est grâce à mon bon LI   } *bis.*
C'est grâce à mon bon ÉLIXIR. »

Plus d'un richard espère
Acheter à prix d'or
Le bien que de ma mère
Je tiens et garde encor.
Un jour, si la nature
Me contraint d'obéir,
Je donnerai, bien pure,
A qui saurai choisir
La moitié de mon É
La moitié de mon LI   } *bis.*
La moitié de mon ÉLIXIR !,

BABYLONE
Chant des Esclaves

Air des *Trois couleurs*.

Aux pieds des Dieux, le tonnerre sommeille,
Prenons la coupe et vidons-la gaîment :
Rions, dansons, avant qu'il ne s'éveille,
Et profitons des trésors du moment.
Que des parfums embaument notre tête,
Qu'un vin exquis endorme nos douleurs :
A nous les jeux, à nous les chants de fête,
Au pauvre peuple (*bis*) et les fers et les pleurs !

Cruels tyrans, oubliez votre trône
Et sur nos seins enivrez-vous d'amour ;
Sachez jouir des baisers qu'on vous donne :
On se fait vieux maintenant dans un jour !
Prenez les biens que le destin vous jette ;
Tout est à vous, nos couches et nos cœurs :
A nous les jeux, à nous les chants de fête,
Au pauvre peuple (*bis*) et les fers et les pleurs !

Si l'on se plaint, augmentez les entraves :
L'oiseau se tait quand il est accablé ;
Passez vos jours dans les bras des esclaves,

Votre bonheur ne sera point troublé.
Soyons heureux, tyrans, car la tempête
Dans ces palais ne fane point nos fleurs :
A nous les jeux, à nous les chants de fête,
Au pauvre peuple (*bis*) et les fers et les pleurs!

Rions, chantons. Ici, tout nous convie
A profiter des passagers instants.
Il faut user des plaisirs de la vie,
Demain, peut-être, il n'en sera plus temps.
La foudre dort, mais elle est toujours prête ;
Les cieux sont purs... mais les cieux sont trompeurs :
A nous les jeux, à nous les chants de fête,
Au pauvre peuple (*bis*) et les fers et les pleurs !

1848.

UN TYRAN DE VILLAGE

Air : *Il faut avoir perdu l'esprit.*

Que font ces paysans là-bas?
Disait un tyran de village...
Pourquoi font-ils tout ce tapage ?
Sommez-les de parler plus bas.
Bientôt ils viendront à ma porte,

Y faire un triple carillon.
Je vais, que le diable m'emporte !
Les mettre tous à la raison.

A moi donc, piqueurs et valets,
A ces manans, donnetz la chasse :
Je crois que cette populace
Me nargue... et chante des couplets.
Frappez fort, et de bonne sorte,
Ou je vous fais f... en prison ;
Car je veux, le diable m'emporte !
Les mettre tous à la raison.

Je vois reculer mon piqueur,
Et tous mes gens prennent la fuite ;
Eh quoi ! cette race maudite
De mes valets n'a donc plus peur !...
Vite, à l'instant, que l'on m'apporte
Un des fouets de mon postillon,
Et je vais, le diable m'emporte !
Les mettre tous à la raison !

Mais, quand il sortit du château,
Ils chantaient tous la Marseillaise.
Le Seigneur (ne vous en déplaise)
Vit que son jeu n'était pas beau.
Bientôt, en grondant, la cohorte
S'empara du pauvre barbon,
Qui fut... que le diable l'emporte !
Le premier mis là a raison.

1848.

L'AMBITION
DU POÈTE

CHANSON.

Air : *Ten souviens-tu.*
Ou : *Béranger et l'Académie.*

Des grands m'ont dit : Ami, viens dans nos villes,
Viens à Paris faire applaudir tes chants ;
Pour nos palais, voluptueux asiles,
Laisse aujourd'hui, laisse la paix des champs.
J'ai répondu : Dans ma pauvre chaumière,
Mon cœur ne voit luire que de beaux jours.
Oh! laissez-moi, je ne veux, sur la terre,
Que mes refrains et Jeanne, mes amours !

Ici, partout la verdure est si douce !
On est si bien, assis sous nos buissons ;
De nos grands bois tendre et fraîche est la mousse.
Et les oiseaux me dictent mes chansons.
Dans vos salons, vos palais, au contraire,
Un cœur sensible est malheureux toujours...

    Oh! laissez, etc.

Qu'elle serait grande votre surprise,
Si vous voyiez nos dimanches si gais;
Et nos amours, qui, jusque dans l'église,

Vont s'ébattant et se lançant des traits.
On les a vus, sous le nez du vicaire,
Faire, parfois, leurs malicieux tours...
    Oh! laissez, etc.

Plus d'une fois à ma belle l'aurore
M'a vu donner les baisers les plus doux ;
Souvent le soir me retrouvait encore
A folâtrer et rire à ses genoux.
Je suis heureux, et rien jamais n'altère
De mes beaux jours l'humble et paisible cours.
    Oh! laissez, etc.

Gardez surtout, gardez vos grandes dames,
Aux cœurs blasés... démons de vos cités,
Je n'ai besoin pour m'attirer leurs flammes
De célébrer leurs attraits empruntés.
On aime ici (jusque dans le mystère)
Et l'innocence y préside toujours...
    Oh! laissez, etc.

Oh! laissez-moi, retournez dans vos fêtes!
Mes bons amis, vite allez m'oublier ;
Je suis heureux dans mes douces retraites
Et n'ai vraiment rien à vous envier.
Richesse, honneurs, je n'en saurais que faire,
Et vos plaisirs... hélas! ils sont bien courts!
Oh! laissez-moi, je ne veux sur la terre,
Que mes refrains et Jeanne, mes amours !

Paris. **LE BAILLY**, libraire-éditeur, 6, rue Cardinale.
(Près la rue de Buci), faubourg Saint-Germain.

BÊTE COMME CHOU

DICTON POPULAIRE.

Air : *J'ai vu la meunière...*

Lorsqu'on m'impose le sujet
   D'une chansonnette,
Je le dispose et, d'un seul jet,
   Imprudent poëte,
J'écris, j'écris, j'arrive au bout,
Je relis, puis, chantant le tout,
   Je trouve ça bête... } *bis en chœur.*
   Bête comme chou. }

Ma voisin' de son angora
   Est fort inquiète ;
Je lui dis : on le r'trouvera
   Et j'fais une enquête.
V'là qu'un soir, dînant n'importe où,
Dans un' gibelotte de matou....
   Je trouve *sa bête...* } *bis.*
   Bête comme chou ! }

Nos grands romanciers étant morts,
   Les p'tits sont en fête.
Ils nous font d'gros romans pas forts,
   Que tout l'monde achète.
Comment se r'fuser pour un sou,
Le *Dimanche* ou l' *Petit Zouzou* ?
   Je trouve ça, etc.

Je comprends qu'à l'homme qui boit,
   Le crédit permette,
De s'griser un peu plus qu'y n'doit

S'il paye sa dette.
Mais celui qui, parti sans l'sou,
Ne d'vant rien, chez lui, rentre soûl...
　　Je trouve ça, etc.

Dès que l'jour de la rampe a lui
　　Sur une pièc' bien faite,
D'l'auteur, les zoïl's d'aujourd'hui
　　Réclament la tête.
Ces crétins qui, r'fusés partout
Pour se venger crachent sur tout :
　　Je trouve ça, etc.

Mariez-vous, n' vous mariez pas ;
　　Vous s'rez de la fête ;
L'amour vous offre mille appas,
　　L'hymen sa conquête.
Prenez l'un ou l'autre... surtout
N'vous mettez pas la corde au cou...
　　Je trouve ça, etc.

Jadis, au lit, discret amant,
　　Près de ma grisette,
Je l'embrassais timidement
　　Des pieds à la tête.
Aujourd'hui, d'la poitrine au g'nou,
Ma main s'promène et s'arrête où,
　　Je trouve ça, etc.

Si cette chanson vous déplaît
　　Comm' chose imparfaite,
C'est qu'à passer l'huitièm' couplet,
　　Ma mus' n'est pas faite.
J'suis, comm' vous, forcé d'rester coi
Tant pis ! mais j'vous dis le pourquoi :
　　Je trouve ça bête...
　　　Dites ⎫
　　　　　　⎬ — *comme* MOI ! ⎬ *bis en chœur.*
　　　Bête ⎭

LE JOUR DE L'AN

RONDEAU.

Air de la *Petite Margot* ou du *Sou*.

Jour imposteur qui commences l'année,
De bien des gens tu causes le tourment ;
Le sort t'a fait la plus sotte journée
Et t'a nommé : *jour de l'em...bêtement.*

C'était jadis fête pour nos grands pères,
Qui, ce jour-là, tendrement s'embrassaient ;
Et puis, le soir, à table, au bruit des verres,
Ils célébraient le bonheur qu'ils rêvaient.

Mais aujourd'hui que de mots hypocrites,
De compliments, discours intéressés,
Propos menteurs, promesses mal écrites
Renouvelés des *Grecs*... des ans passés !

A peine est-il dix heures que vos mioches
Viennent vous dire un fort beau compliment,
Qui, s'adressant moins à vous qu'à vos poches,
Rime partout avec l'or et l'argent.

Puis il vous faut, pour votre aimable bonne,
Du boursicot les cordons délier ;
A chaque instant, chez vous, on frappe, on sonne.
Et l'on fait queue au bas de l'escalier.

Vient à son tour votre facteur, le traître !
En vous offrant un beau calendrier,

Sournoisement vous présente une lettre
D'un créancier, d'un fils, ou d'un huissier.

Pour dépister les fâcheux, que l'on sorte,
A l'entre-sol on trouve le portier,
Qui redescend pour vous barrer la porte,
En s'excusant *d'vous embrasser l'dernier*.

Pour respirer, vous voilà dans la rue,
A chaque pas, heurtant des gens pressés ;
On vous maudit, on vous froisse, on vous hue
Et vous payez tous les carreaux cassés.

Que faire hélas ! pour éviter la foule,
Les cris de joie et le trot des chevaux ?
Car ce jour-là, la ville marche et roule
Et chacun met ses affiquets nouveaux.

Ces deux dandys, à mine réjouie
D'un gros banquier sont les dignes neveux ;
Ils lui diront : Bon oncle, heureuse vie!
Pensant tout bas : Meurs, pour combler nos vœux !

Et sa fortune honnêtement acquise
Passant aux mains de ces deux gringalets,
Entretiendra Margot ou la marquise,
L'actrice en vogue ou le corps de ballet.

Si l'on pouvait sur le visage lire
Ce qui se passe au cœur de bien des gens,
Une chanson ne pourrait pas suffire ;
On en ferait vingt romans tous les ans.

Arrêtons-nous, car il faut des étrennes
A nos lecteurs pour qu'ils soient satisfaits.
En attendant, qu'ils me donnent les miennes,
Je vais ici former quelques souhaits.

Pour les enfants, qu'ils aient... et friandises,
Livres dorés, gravures et joujoux ;

Que leurs papas prennent pour des bêtises
Tous les *cancans* qui les feront... *coucous.*

Que chaque fou plus tard devienne un sage,
Que le savant ne soit jamais un fou ;
Qu'un bon mari ne soit *pas trop* volage,
Que la souris trouve toujours son trou.

A l'usurier, à l'avare, on souhaite
Que leur trésor aille augmentant toujours ;
Que le voleur, s'il *trouve* leur cassette,
En honnête homme aille finir ses jours.

Que l'homme doux n'attrape pas la rage,
Que le conscrit devienne un grand vainqueur ;
L'enfant de *chœur* un homme *de courage,*
Et la lorette une dame de *cœur.*

Au rimailleur je souhaite une vie
Sans mauvais jours, et que son éditeur,
Faisant fortune avec sa poésie,
Fournisse au moins des bottes à l'auteur.

Je souhaite encore une meilleure *mine*
Au marchand d'or qui farfouille le sol ;
Au fort ténor, un bon *ut* de poitrine,
Au baryton, un petit entre-*sol.*

Mais il est temps qu'ici l'auteur s'arrête,
En souhaitant quelque chose pour lui :
C'est, l'an prochain, d'être beaucoup moins bête,
S'il veut encor dire comme aujourd'hui :

Jour imposteur qui commence l'année,
De bien des gens tu causes le tourment ;
Le sort t'a fait la plus sotte journée
Et t'a nommé *jour de l'em...*bêtement.

PAUVRE FILLE
PAUVRE MÈRE!

BERCEUSE RÉALISTE.

Air : *Ah! eh! les p'tits agneaux!...*

REFRAIN :

Dors, mon petit chéri,
L'enfant à sa mère,
Mon bibi, mon ami,
Mon seul bien sur la terre.
Quand t'auras dormi,
  Tu f'ras, mon p'tit,
  Un' bonn' prière,
Pour ton méchant père,
Qui, las, nous a fui !...

Ne va pas t' réveiller,
J'ai bien assez de peine!
Si tu m' laiss's travailler,
Faire un' bonne semaine,
  J'irai t'acheter
Un pantalon, des bas de laine,
  Et t'auras l'étrenne
D'un p'tit bonnet que j'viens d'broder.
    Dors, etc.

Dimanche, nous irons
Promn'er aux Tuileries;
J' t'ach't'rai des macarons,

Un' pipe en sucrerie.
　　Avec ton raglan,
Ton p'tit chapeau, ta canne à pomme,
　　T'auras l'air d'un homme,
Tout l'mond' dira : « *qué bel enfant !* »
　　Dors, etc.

Quand tu pleures la nuit,
Les voisins s' plaignent ferme ;
Eux dans'nt et font du bruit ;
Mais ils payent leur terme !
　　Qu'un sommeil bien doux,
Pendant qu' ta mère est à l'ouvrage,
　　T'fass', par héritage,
Rêver qu' la maison est à nous.
　　Dors, etc.

Si je voulais, pourtant,
Faire comm' nos fillettes,
Un protecteur puissant
M'offre argent et toilettes !
　　Tu suivrais des cours,
En pension, pour apprendre à lire,
　　Tu pourrais m'écrire...
Non ! j' veux t'embrasser tous les jours !
　　Dors, etc.

Mais, la lampe faiblit
Et la pauvre ouvrière,
Au milieu de la nuit
Sent s' fermer sa paupière.
　　L' travail, le chagrin,
Ont triomphé de son courage,
　　Et, sur son ouvrage,
Ell' dort, murmurant ce refrain :
　　Dors, etc.

MICHEL ARCHANGE

CHANSON.

Air : *Tout le long, le long de la rivière.*

Comme on sait, aux portes du ciel,
Apparaît l'archange Michel.
Là, dans sa balance immuable,
Il pèse l'élu, le coupable.
Par lui le juste est seul admis
A visiter le paradis ;
Mais, sans pitié pour les méchantes âmes,
Il leur dit : Allez rôtir au sein des flammes...
Allez rôtir au sein des flammes !

Un buveur, en chantant le vin,
Un jour, dans son plateau divin,
A se poser gaîment s'apprête...
Des roses couronnaient sa tête ;
Michel lui dit : Allez, mon fils,
Vous méritez le paradis :
Car vous aimez le bon vin et les femmes ;
Jamais vous n'irez rôtir au sein des flammes..
Jamais vous n'irez dans les flammes !

Puis, l'œil morne, le front baissé,
Arrive un prélat trépassé ;
L'archange dit : Fuis, hypocrite,
Marchand d'oremus, d'eau bénite..
Oui, sois damné, toi qui jadis
Croyais gagner le paradis

En condamnant les plus charmantes dames;
Va griller, rôtir toi-même au sein des flammes!
   Va rôtir au milieu des flammes!

   Ensuite, une jeune beauté,
   Folle de joie et de gaîté,
   Le cœur tout rempli d'espérance,
   Se met au fond de la balance :
   — O vous, la compagne des ris,
   Goûtez la paix du paradis.
Votre bon cœur a sauvé bien des âmes;
Jamais vous n'irez rôtir au sein des flammes...
   Jamais vous n'irez dans les flammes!

   Puis, l'air contrit, triste et sournois
   Six ministres et quatre rois
   Auprès du grand Michel arrivent;
   De près trois députés les suivent :
   — Fuyez, c'est moi qui vous le dis,
   Fuyez bien loin du paradis.
Hommes pervers, l'enfer seul vous réclame;
Allez tous griller, rôtir au sein des flammes!
   Allez griller au sein des flammes!

   Enfin, se tenant par la main
   Et parés des fleurs de l'hymen,
   D'épousés une troupe immense
   S'avancent sautant en cadence :
   — Venez peupler le paradis,
   Car vous êtes si bien unis,
Qu'on n'y saurait trop voir de bonnes âmes;
Jamais vous n'irez griller au sein des flammes...
   Jamais vous n'irez dans les flammes!

                           1848.

LE RÉVEIL
DE LA LIBERTÉ

CHANSON.

Air : *Elle aime à rire, elle aime à boire.*

O toi que le monde révère,
Déesse de la Liberté !
Jette un regard sur la cité
Qui pour toi combattit naguère ;
Écoute les faibles accents
D'un peuple martyr qui te prie :
Réveille-toi, belle endormie,
Viens combattre avec tes enfants !

Pour son malheur, si notre France
En Juillet se choisit un roi,
L'ingrate méconnut ta loi...
Pardonne-lui son ignorance !
Lasse du joug de ses tyrans,
Par notre voix elle te crie :
Réveille-toi, belle endormie,
Viens combattre avec tes enfants !

Au travailleur, la concurrence
Porte un humiliant défi ;
L'auteur, d'un chef-d'œuvre fait fi !
Le voyant censuré d'avance.
Nous voulons voir indépendants
Et les beaux-arts et l'industrie...
Réveille-toi, belle endormie,
Viens combattre avec tes enfants !

Ramène avec toi, noble mère,
L'union, la fraternité ;
Par votre sainte trinité
Venez régénérer la terre :
Unir les faibles aux puissants
En renversant la monarchie...
Réveille-toi, belle endormie,
Viens combattre avec tes enfants !

Tu parais sur nos barricades,
Ta voix nous commande le feu ;
L'ennemi, qui résiste peu,
Tombe et meurt sous les fusillades.
Par ton retour, de ses tyrans
Tu viens affranchir la patrie...
Gloire à toi, Liberté chérie !
Règne à jamais sur tes enfants !

1848.

SONNET D'ALBUM.

Madame, voyez-vous, dans la verte prairie,
   La tendre fleur doucement s'entr'ouvrir?
Si l'air frais du matin la fait épanouir,
   Les vents du soir l'auront bientôt flétrie.

Fraîche comme elle, et comme elle jolie,
   Comme elle vous devez et briller et finir ;
Car chacun de nos jours compte pour l'avenir,
   Et nous entraîne aux confins de la vie.

   Profitez donc du printemps de vos jours.
N'ayez point de soucis; surtout, sachez toujours
Prendre au vol le plaisir, alors qu'il vous invite !

   Et quand l'hiver aura tout emporté,
Tout, hormis votre esprit, votre amabilité,
Vous direz : Sans regrets, jeunesse, je te quitte.

DRIN, DRIN.....

CHANSONNETTE.

Air *connu*.

Un désœuvré, flânant à Romainville,
Rencontra fille au minois chiffonné ;
Il l'aborda d'une façon civile,
Avec ces mots : — Avez-vous déjeuné ?
 Drin, drin, drin, drin, drin, } *bis*.
 Tra la la la la la, la le,
La belle Agnès lui répond sans colère :
— Pardon, monsieur, je ne vous connais pas ;
Mais, cependant, si vo,re offre est sincère...
Timidement j'accepte votre bras.
 Drin, drin, etc.

Chemin faisant, chacun l'âme contente,
L'un se disait en humant son tabac :
J'ai sous la main poulette appétissante...
L'autre, un pigeon qui doit avoir le sac.
 Drin, drin, etc.

Le tendre couple avise une guinguette ;
Il entre et prend le plus beau cabinet...
— Garçon, servez veau froid et côtelette,
Et deux litrons du meilleur pichenet !
 Drin, drin, etc.

Le cavalier se trouvant en goguette,
Par ses bons mots égaya le dessert ;
Puis en cassant la dernière noisette
Il sut lui-même enlever le couvert...
 Drin, drin, etc.

Ces six couplets sentant le corps de garde,
Furent rimés par un vrai sans-chagrin ;
Si vous trouvez sa chanson trop gaillarde,
Passez les vers et chantez le refrain :
 Drin, drin, etc.

Paris.**Le Bailly**, libraire-éditeur, rue Cardinale, 6, près la rue de Buci, faubourg Saint-Germain.

LE CIDRE
DE NORMANDIE

CHANSONNETTE.

Air : *du Berger de Normandie* (Béral).

Gai, gai,
Chantons l'cidre d' la Normandie,
Gai, gai,
Dont on n'est jamais fatigué ;
Gai, gai,
Sans avoir la tête alourdie,
Gai, gai,
Par lui, chez soi l'on rentre gai.

Quand on chante tous les vins d'France,
Gros et fins, la bièr', l'abondance,
Je pouvons ben, entre amis,
Fêter par queuqu's mots sentis,
    Les produits
    D'not' pays...
  Gai, gai, etc.

Le doux jus qu'ici l'on renomme,
Sur les autr's a toujours la *pomme* :
Lui, qui nous fait chanter l'jour,
Et la nuit pousse à l'amour :
    Pas d'beau jour
    Sans amour !
(RIANT) : Hé ! hé ! hé !
  Gai, gai, etc.

L'vin est trop cher, aussi, c'est l'diable
Pour en offrir un verre à table,
Tandis qu'au cid' du pays,
Lorsque le couvert est mis,
    Tous l'z'amis
    Sont admis...

(*Parlé.*) Un verre de plus ou d'moins, on n'y fait point attention. L'un apporte des croquets, l'autre des marrons; ch'ti-ci une bonne nouvelle, ch'ti-là une belle chanson... Hé! hé! hé! c'est encore tout bénéfice!

    Gai, gai, etc.

Not' cidr' n'engendre point d'ivrognes,
Et, sans avoir de rouges trognes,
Nos gars pouss'nt comm' des pommiers;
Y en a mêm' qui, sur deux pieds,
  Sans sous d'pieds,
  Ont six pieds...

(*Parlé.*) Oh! c'n'est point par les pieds qui pèchent, nos gars! Aussi, une fois *partis*, y a pas d'danger qui reviennent *sur la tête*... Oh! mais non, dà!

    Gai, gai, etc.

Un gas normand, le grand CORNEILLE,
A si ben mis l'CID en bouteille,
Qu'il n'est plus d'homm' sous l'soleil
Qui puiss', sans causer l'sommeil,
Mettre en vers CID pareil.

(*Parlé.*) Ouvrez l'zoreilles. C'est du cid' de la comète, ça! (*Il déclame comiquement*):

« Mes pareils, à deux fois ne se font pas connaître,
« Et tous leurs coups d'essai valent des coups de maître. »

Y peut s'flatter d'en avoir bu ch'ti-là, des *coups d'essai*... avec ceux-là qui l'ont connu sans souliers... et ils l'ont fait relier en veau... Oh! oh! oh!...

    Gai, gai, etc.

Le cid' nous sert d'intermédiaire
Quand j'voulons finir une affaire.
En présenc' de c't'ami-là,
On s'dit les mots que voilà :
  — Touchez là;
  — Topez là.

(*Parlé.*) Et l'affaire est sortie du sac. (*Imitant deux voix*) : — Eh! ben, Pierre, as-tu toujou eune fille à marier? — *Et tai, Jean, ton taureau est-il toujou à vendre ?* — Oui, Pierre,... mais ta fille? — *C'est comme ton taureau, Jean; elle se porte bien.* — Combien que tu lui donnes? — *Mai?...je t'en offrons vingt pistoles.* — Deux cents francs, tope là. — *Tope !...* l'marché est bâclé, et la fille... ça s'ra pour une autre fois !

   Gai, gai, etc.

 Quand, pour certains maux, les tisanes
 Font comm' le *Pater* sur les ânes,
 L'cidre, plus expéditif,
 Est à la fois digestif,
   Nutritif,
   Vomitif.

(*Parlé.*) C'est positif... Tenez, y a pas core longtemps, le Parisien bossu (ch'ti-là qui fait *en vain* la place pour les vins), eh ben, c't'homme, il aviont mangé des moules, mangé des moules... au point d'en crever, quoi ! Si ben qui n'vouliont point les payer. Il avale donc un verre de cidre, et... crac, il a tout rendu ! — Vous m'direz comme ça : Quéqu' ça prouve ?... Ça prouve que v'là un bossu qui n'étiont point *fait aux moules*, bien ; y s'met au cidre, bon ; le v'là sauvé, c'est core mieux. De plus, v'là un gars qui, pour la réhabilitation du cidre, chante en trinquant avec nous :

   Gai, gai,
 Chantons l'cidre d'la Normandie,
   Gai, gai,
 Dont on n'est jamais fatigué ;
   Gai, gai,
 Sans avoir la tête alourdie,
   Gai, gai,
 Par lui, chez soi l'on rentre gai.

MON AMI QUAND MÊME

DOUX REPROCHES

Air : *Faut-il que j'sois canaille.*

Tu demandes une chanson,
  Et j'la rim' sans façon.
Le refrain, pour toi fait exprès,
  D'ma franchise est l'emblème :
  Ah ! quell' drogu' que tu fais !
  T'es mon ami tout d'même.

Tu te souviens qu'en pension,
  L'jour de composition,
Grâce à moi l'premier tu passais,
  Car je faisais ton thème...
    Ah ! quell', etc.

Quand un jour, le sort me classant,
  Tu fus mon remplaçant,
Au moment d'partir tu prenais
  Un remplaçant toi-même...
    Ah ! quell', etc.

Plus tard, en garni nous logeant,
  Quoiqu' peu garni d'argent,
Les huit jours d'avance j'payais ;
  Tu partais le quinzième...
    Ah ! quell', etc.

Quand nous allions chercher l'amour
  Où... l'on n'fait pas de cour,
De la bell' que je choisissais
  Tu savais l'nom d'baptême...
    Ah ! quell', etc.

Désespérant d'te voir changer,
  J'résolus d'me ranger,

DE JULES CHOUX.

Non pour cesser de t'aimer, mais
  Pour être aimé moi-même...
    Ah! quell', etc.

Tu me fis connaître un tendron
  Sensible, frais et rond ;
Quand, lui parlant, rouge j'étais,
  Tu devenais tout blême...
    Ah! quell', etc.

Fort amoureux de ses appas,
  Tu m'emboitais le pas ;
J'épousai... J'te dois mon succès,
  Puisque ma femme t'aime.
    Ah! quell', etc.

De m'voir père d'un bel enfant,
  Je t'ai vu triomphant ;
Pour parrain j't'avais choisi, mais
  Tu manquas... au baptême.
    Ah! quell', etc.

Quand je reviens l'soir, tous les jours,
  Chez moi j'te trouve toujours ;
Tu déjeun's, dîn's et dormirais
  Dans l'lit où j'dors moi-même...
    Ah! quell', etc.

Tu chantes mes refrains d' bon cœur,
  Mais, quand on d'mand' l'auteur,
Tu t'offres d'la gloire à peu d'frais,
  En te nommant toi-même.
    Ah! quell', etc.

Je veux illustrer ton tombeau
  Du distiqu' le plus beau :
« Celui qui gît sous ce cyprès,
  Des grugeurs fut la crême... »
    Ah! quell' drogu' que tu fais !
    T'es mon ami tout d'même.

NINI LA FLEURISTE

ROMANCE.

Air de *Jenny l'ouvrière*.

Voyez d'ici la petite fenêtre
Qui du soleil a les premiers rayons ;
Sans le rideau vous verriez apparaître
Une chambrette... un vrai nid de pinsons.
Voyez d'ici la petite fenêtre
Qui du soleil a les premiers rayons...

C'est le logis de Nini l'ouvrière,
De la fleuriste aux chants joyeux,
Qui n'a pour bien que ce qu'il faut pour plaire :
    Un maintien gracieux,
    Un cœur et de beaux yeux.

Dans son logis la simplicité brille :
Pour luxe, elle a des oiseaux et des fleurs ;
Avec les uns, la belle enfant babille,
En imitant des autres les couleurs.
Dans son logis la simplicité brille :
Pour luxe, elle a des oiseaux et des fleurs...
C'est le bonheur de Nini, etc.

A l'amoureux qui lui dira : Je t'aime,
Peut-être un jour que Nini répondra :
Je veux un cœur aimant d'amour extrême ;
C'est un mari qui me le donnera.
A l'amoureux qui lui dira : Je t'aime,
Peut-être un jour que Nini répondra :

C'est un mari, qu'il faut à l'ouvrière,
A la fleuriste aux chants joyeux,
Qui n'a pour dot que ce qu'il faut pour plaire
    Un maintien gracieux,
    Un cœur et de beaux yeux.

LA SEMAINE
D'UN LOVELACE PARISIEN
RONDEAU.

Air : *du Vaudeville de Renaudin de Caen.*

Amant folâtre des beaux jours,
Je sais profiter de la vie,
Qui veut, dit-on, être embellie
Par les jeux, les ris, les amours.

L'amitié, l'amour, la tendresse,
Tout cela n'est bon qu'une fois ;
Aussi je change de maîtresse
Dans la semaine au moins six fois.

Une grande dame, lundi,
Mardi, sémillante lorette,
Mercredi, piquante grisette,
Et n'importe qui, le jeudi.

Le vendredi, je me repose...,
Pour l'amour, c'est un vilain jour ;
Vient samedi, je me dispose
A faire dimanche à son tour.

Je ris et bois sans perdre haleine,
Je mange sans perdre appétit ;
Et je cours toute la semaine
Sans trop me fatiguer... l'esprit.

Puisque, dans ce monde, tout passe,
Je ne songe guère au passé,
Et je saurai que l'on trépasse...
Lorsque la mort m'aura pincé.

Amant folâtre des beaux jours,
Je sais profiter de la vie,
Qui doit, dit-on, être embellie
Par les jeux, les ris, les amours.

LES LAMPIONS

Air : *Des cancans, des cancans.*

Des lampions, *(bis.)*
Et pas d'observations ;
Il faut que nous voyions
Partout luire des lampions.

Pour célébrer en ce jour
La Liberté de retour,
Nous n'avons pas de flambeau
Assez brillant, assez beau...
    Des lampions, etc.

Notre monarque est chassé,
Son beau trône est renversé ;
Son ministère cassé,
Et son pavé boul'versé...
    Des lampions, etc.

L'Egalité, p'tits ou grands,
Ne doit plus voir d'ignorants ;
Ell' veut et l'a déclaré
Que tout l'monde soit éclairé...
    Des lampions, etc.

On plante dans la cité
Des arbres de Liberté ;
Ça pouss' comm' des champignons,
Comme eux, pour que nous poussions...
    Des lampions, etc.

Notre bon gouvernement
Règne provisoirement ;
Ses membres nous sont donnés

Pour de vrais illuminés.
  Des lampions, etc.

Nous avons des r'présentants
Payés, par jour, vingt-cinq francs;
C' n'est pas trop... mais chacun d'eux
A l'droit d'réclamer des feux...
  Des lampions, etc.

Il en est qui parlent bien,
D'autres qui, ne disant rien,
Certes, selon moi, font mieux
Que ceux qui parlent pour deux.
  Des lampions, etc.

Enfin, le peuple français,
Cette fois, par son succès,
A su r'trouver les grands jours;
F'aut, pour qu'ils durent toujours...

  Des lampions, (*bis.*)
Et pas d'observations;
Il faut que nous voyions
Partout luire des lampions !
                              Mars 1848.

ON BAT LE RAPPEL

Air : *Gai, gai, serrons nos rangs* (Béranger).

Plan, plan, on bat le rappel,
  Bruit d'alarme,
  Chacun s'arme;
Plan, plan, c'est le rappel,
Il faut se rendre à l'appel.

Depuis le mois d' février,
Le bourgeois n'est pas tranquille;

Chaque jour il court la ville,
Quoique fort mauvais troupier.
  Plan, plan, etc.

Ici, c'est un commerçant,
Malgré la crise financière,
Qui, croyant faire une affaire,
Va signer... lorsqu'il entend :
  Plan, plan, etc.

Là, c'est un pauvre amoureux
Qui supplie en vain sa belle.
Au lieu d'céder, la cruelle,
Lui dit pour calmer ses feux :
  Plan, plan, etc.

Voilà qu' c'est *Emile Thomas*
 Qu'on enlève ;
 C'bruit soulève
L'ouvrier qui ne veut pas
Se trouver dans l'embarras.
  Plan, plan, etc.

Qu'un tailleur, à son client,
A parler bas s'évertue,
Chacun croit voir dans la rue
L'pépin d'un rassemblement.
  Plan, plan, etc.

Les neuf cents ont décrété
Qu'les tambours, risquant leur vie
En *alarmant* la patrie...
D'elle avaient bien mérité !

Plan, plan, on bat l'rappel,
 Bruit d'alarme,
 Chacun s'arme !
Plan, plan, c'est le rappel,
Il faut se rendre à l'appel.

      Mars 1848.

BILLETS DOUX

Air d'*El-Karoubi, ou le poëte arabe,*
Ou : *Marguerite, fermez les yeux.*

Jenny, j'ai mal au cœur!... oh! pardon, je veux dire
Que le fond de mon cœur est triste et soucieux;
Et vous, fille de marbre, en voyant mon martyre,
Vous allez vous moquant de moi, pauvre amoureux!
Répondez-moi, de grâce, il y va de ma vie!...
Couvrez-vous seulement de votre blanc peignoir;
Puis, écrivez deux mots de votre main chérie :
« Venez vite,... ou plutôt : je vous attends ce soir! »

Oh! je vous vois d'ici... ma plainte vous fait rire!...
Pourtant sachez, Jenny, qu'en me pesant hier,
Voyez jusqu'où l'amour discret peut nous conduire :
Je pèse un demi-gramme en moins que cet hiver!
  Répondez-moi de grâce, etc.

Si vous craignez, pourtant, que de la médisance
Les misérables coups ne vous fassent du tort,
Ce matin, vers *une heure,* attendez ma présence...
J'y serai... Dites : oui, bien vite, ou je suis mort!
  Répondez-moi, de grâce, etc.

RÉPONSE DE LA BERGÈRE A MOSIEU OSCAR.

(Résumé de 25 lignes sans orthographe.)

« Vous m'aimez, je le vois; ce n'est que par prudence
« Qu'hier j'avais dit non... mais je veux aujourd'hui,
« Ce soir, à votre amour donner sa récompense;
« Osez et demandez, je vous répondrai : *V'oui!*
« Voyez, de bien bon cœur, pour vous sauver la vie
« Et vous rendre l'espoir, j'ai mis mon blanc peignoir;
« Puis, j'écris ces doux mots de ma main *tant* chérie :
« Venez vite, ou plutôt : je vous attends ce soir! »

UN RESTAURATEUR
RONDEAU.

Chanté par **NÉRÉ**, au théâtre des Délassements-Comiques, dans **Un Mari sous enveloppe**.
Air *du Cheval* (BRASSEUR DE PRESTON).

Vive le plaisir du voyage !
Avec lui jeune homme s'instruit,
Quoiqu'il ait le désavantage
De trop provoquer l'appétit.
A moins d'être l'esprit borné,
De qui chacun vient rire au nez ;
A moins d'être un rustre, un brutal,
Un être stupide, un cheval,
En un mot, un sot animal,
Comme l'a dit auteur moral
Que bien des gens apprécient mal,
Et qui n'eut jamais de rival !
Lorsque l'on prend la diligence,
C'est pour voyager sûrement ;
Le peu qu'on a d'intelligence
Dit qu'on ne peut faire autrement.
Mais, avant de se mettre en route,
On prend, dans un coin du buffet,
Un poulet pour graisser sa croûte ;
Voilà ce que je n'ai pas fait !
Au philosophe qu'on renomme,
Je me compare en mon malheur ;
Diogène cherchait un homme
Doué de bon sens et de cœur...
Comme lui, moi je cherche un homme ;
Qu'il ait esprit, bon sens et cœur,
Ça m'est égal, pourvu qu'en somme
Il soit un peu restaurateur...
Moi, je veux un restaurateur !...

Paris.**Le Bailly**, libraire-éditeur, rue Cardinale, 6, près la rue de Buci, faubourg Saint-Germain.

267. — Paris. Impr. de Ch. Bonnet et Comp., 42, rue Vavin.

ROSE D'AMOUR

ROMANCE.

Air : *Béranger et l'Académie,*
ou : *Dors mon enfant.* (V. ROBILLARD.)

La musique, avec accompagnement de piano,
prix : 30 cent.,
Se trouve chez Le Bailly, libraire-éditeur, rue Cardinale, 6,
près la rue de Buci (faubourg Saint-Germain).

Lorsque j'étais aimé de l'infidèle,
Je vous disais : Croissez, reine des fleurs ;
Roses d'amour, embellissez pour elle
Qui vous chérit, car vous êtes ses sœurs.
Mais aujourd'hui que le cœur de la belle,
Pour la richesse a quitté mon séjour...
Reines des fleurs, ne croissez plus pour elle : } *bis.*
Ma rose, hélas ! m'a repris son amour !

Rose d'amour, bien courte est votre vie :
Fraîche au matin, alors que vient le soir,
Sur votre tige, on vous trouve flétrie...
Ainsi que vous, vit un cœur sans espoir !
Hommes et fleurs, notre existence est frêle ;
Pour la briser, il faut à peine un jour...
Reines des fleurs, ne croissez plus pour elle, } *bis.*
Ma rose, hélas ! m'a repris son amour !

Rose d'amour, votre beauté pâlie,
Va se livrer au caprice du vent ;
S'il vous conduit vers celle qui m'oublie
Oh ! cachez-lui de mon cœur le tourment !
De moi, peut-être, aujourd'hui l'infidèle,
Rit dans les bras de son amant d'un jour...
Reines des fleurs, ne croissez plus pour elle, } *bis.*
Ma rose, hélas ! m'a repris son amour

Chansons de J. CHOUX.   4º LIVR.

MIDAS

Air : *Laissez reposer le tonnerre.*

Sur ces bords heureux et fleuris,
Où la Seine aux ondes rapides,
En fuyant les murs de Paris,
Épanche le trop plein de ses urnes humides,
Naguère encor quelques roseaux vivants,
Libres, croissaient à travers la fange ;
Et ces roseaux, agités par les vents,
Disaient : Midas a des oreilles d'âne !
Le roi Midas a des oreilles d'âne !

Ils s'étaient tu, mais, depuis peu
On vient de les entendre encore ;
Ils parlent avec plus de feu,
Leur plainte est plus hardie et leur voix plus sonore.
On dit aussi qu'une foule de grands
Vont de nouveau leur ôter cet organe...
Mais les roseaux, agités par les vents,
Disent : Midas a des oreilles d'âne !
Le roi Midas a des oreilles d'âne !

Un jour que j'entendais ces voix,
Je leur dis : Quel est donc cet homme ?
Serait-il quelqu'un de nos rois,
Des pairs, des députés ou des grands du royaume
Peut-être est-il du nombre des passants
Qui, chez le prince osent cueillir la manne ?
Mais les roseaux, agités par les vents,
Disaient : Midas a des oreilles d'âne !
Le roi Midas a des oreilles d'âne !

Eh quoi! ne le connais-tu pas,
Dit quelqu'un ce roi de Phrygie?
Mais, mon Dieu! mon Dieu! les Midas
Fourmilleront toujours a[...] sein de la patrie!
Ils ont pour eux les [...], les talents
Et c'est d'eux seuls que tout [...] [...],
Mais les roseaux, agités par les vents,
Disaient : Midas a des oreilles d'âne!
Le roi Midas a des oreilles d'âne!

1847.

SONNET

A UNE JEUNE MARRAINE.

Hier, il était minuit; je sommeillais à peine,
Déjà je me livrais aux rêves les plus doux.
Pourquoi me réveiller? ô méchante, inhumaine,
Lorsque j'étais heureux... car je pensais à vous!

En songe, j'étais roi; vous deviez être reine;
Ma fière majesté rampait à vos genoux.
Rose et blanche à la fois, oui, vous étiez marraine,
Et d'une pauvre enfant je dois être jaloux!

Quoi! sans lui demander quelque chose en échange,
A l'ange vous avez donné le nom d'un ange,
Rose, et votre parfum à la naissante fleur!...

Si vous n'étiez venue, ô Rose sans épines,
Troubler mon doux sommeil pour m'offrir des pralines,
J'aurais peut-être encor mon repos et mon cœur.

CHANSON DE NOCE

Air : *de l'Histoire du mendiant.*

Ici, je vous invite,
Témoins de mon bonheur,
A faire au passé la conduite,
En célébrant l'hymen vainqueur.   (*bis.*)

Des vieux garçons la race abonde.
Et, moins égoïste, ma foi,
Pour empêcher la fin du monde
Et suivre la commune loi,
En ce beau jour je me marie
Et j'entre avec un air joyeux,
Dans l'immortelle confrérie
Des époux et... des bienheureux.
    Ici, je vous invite, etc.

A vingt ans, un garçon commence
A voir qu'il n'est plus jouvenceau ;
A dix-huit, une fille pense
Sinon à la dot, au trousseau.
L'amour par l'hymen les rassemble,
Et chaque cœur est soulagé,
Voyant qu'en mettant tout ensemble
On n'est jamais mal partagé.
    Ici, je vous invite, etc.

Dans les moments où la patrie
Voit tous ses enfants glorieux,
Combattant la horde ennemie,
Vaincre en mourant victorieux ;...

Pour punir encor qui l'offense,
Par l'hymen, fiers de ses succès,
Donnons des fils à notre France...
Ou des mères à des Français !
   Ici, je vous invite, etc.

L'épouse doit obéissance
Au mari, dont l'affection
Lui donne par reconnaissance
Son aide et sa protection.
Donc, entre nous, jamais d'orage ;
Nous avons promis en ce jour
Que, pour code du mariage,
Nous prendrions la loi d'amour..

   Ici, je vous invite,
   Témoins de mon bonheur,
  A faire au passé la conduite,
En célébrant l'hymen vainqueur.   (*bis.*)

SUR UN ALBUM

COUPLET.

Air : *La nature.*

Puisque l'on m'inflige un pensum,
Faisons un léger sacrifice :
Endurons ici le supplice
De médire sur un album.
   « Ornez de vos paraphes
   Les vers les plus flatteurs ;
   Poëtes, pour lecteurs,
   Vous aurez des quêteurs
     D'autographes ! »

CHEZ MARIETTE

Air : *Zon, ma lisette, zon, ma lison.*

Quel vacarme, quel bruit,
Vient remplir ta chambrette!
D'où vient, qu'en ton réduit
En cohue, on répète :

Piano. { Zon, Mariette,
          Zon, Marion,
Plus fort. { Zon, Mariette
              Et Marion, zon, zon!

Ce sont les jeux, les ris,
Qu'aux salons, on maltraite;
Et qui, dans ton taudis,
Viennent te faire fête...
    Zon, Mariette, etc.

L'un, tout en voletant,
De fleurs orne ta tête;
Un autre en s'ébattant,
Chante sur ta couchette :
    Zon, Mariette, etc.

Plusieurs, vifs et légers,
Courent sur ta toilette,
Te donnent des baisers
Et te font en cachette :
    Zon, Mariette, etc.

Viens combler tous mes vœux ;
Viens, ô gente jollette!
Viens, à mon tour, je veux
Fripper ta collerette...
    Zon, Mariette,
    Zon, Marion,
    Zon, Mariette,
    Et Marion, zon, zon!

JEAN NORMAND

APRÈS

LES GLORIEUSES

Air : *Au diable les leçons*.

J'nons plus d'roi, viv' la *rai*' publique !
C'est le *poisson* des bons gouvernements.
Sans connaître un mot d'politique,
J'savons marcher avec les évèn' ments !
    La *rai*' publique,
    Qu'un' sauc' complique.
    De Libertais,
    D'Egalitais,
    D'Fraternitais,
Qu'ça n'fait qu'un comm' la Saint' Trinitais !
    Eh ! lon, lan, la,
    Vive la *rai*' publique !
Je me déclare enn'mi d'la monarchique ;
    Désormais, quiconque y goûtera
      Comm' moi dira :
    Vive la *rai*' publique,
Ça parle au cœur, c'est doux, c'est d'la musique.
    Puisque c'mot là,
    Dit qu' chacun f'ra
    C'qu'il voudra...
    Larira !

    Au cri de viv' la réforme !
    Cri, qui m'a toujours charmé ;

(Je n'le dis pas pour la forme,
Car j'ons été réforme.)
Plus d'un haut fonctionnaire
D'son emploi s'est trouvé veuf;
Les préfets, nos pairs, not' maire,
On a tout remis à neuf.
Pour qu'l'égalité s'soutienne
Chacun bourgeois, faubourien,
Appell' sa femm' citoyenne
Et s'fait traiter d'citoyen.
  J'n'ons plus d'roi., etc.

La fraternité va faire
De gros Jean l'homm' le meilleur :
Maintenant qu'il est mon frère,
Y n'me r'fus'ra pas sa sœur.
D'puis six mois, qu'à la d'moiselle
Je cont' les plus doux propos;
J'n'ai r'çu pour prix de mon zèle
Qu'des coups d'poings et des gros mots.
Aussi, j'vas tout à mon aise
Soupirant à son côté,
En chantant la Marseillaise...
Prendr' des *airs de liberté!*
  J'nons plus d'roi, etc.

Avant que l'orag' n'éclate,
L'adjoint au mair' de cheu nous
Faisait son aristocrate;
Faut voir comme il file doux !
Parce qu'il a d'la fortune
Pour él'ver six gros joufflus;
Le sort qui m'a privé d'l'une
Des autres me donn'ra plus :
Et drès qu' j'aurai mon épouse
J'us'rai tant, d'tous mes moyens,

Qu'j'en aurons... pour le moins douze...
Ça f'ra douze *citoyens*.
    J'nons plus d'roi, etc.

Drapeau français, je t'adore,
Toi, le vainqueur des vainqueurs !
Reste toujours tricolore
Et j'soutiendrai les couleurs !
N'ayant rien qui me retienne :
Comm' tout l'mond' j'vas sur le champ,
Dans la garde citoyenne
M'enrôler volontair'ment.
Je vas m' planter des cocardes
Depuis le bas jusqu'en haut ;
Par mois, j'vas monter trent' gardes...
Et davantag' s'il le faut.
    J'nons plus d'roi, etc.
                    1848.

SONNET.

Quand elle avait seize ans, qu'Amélie était belle :
Sous ses longs bandeaux noirs, son front demi voilé,
Protégeait de ses yeux l'amoureuse étincelle
Qui, pénétrant mon cœur, hélas ! l'avait brûlé !
Je l'aimai bien longtemps ! — mon bonheur, avec elle,
Dura moins qu'un hochet en cuivre ciselé,
Seul don de mon amour ! — Hélas ! de la cruelle,
Vers un cœur en lingot, le cœur s'est envolé !
Et, depuis ce jour-là, dans les bras de Julie,
Je tâche d'oublier... souvent même j'oublie
Les doux regards d'azur et le front pur et blanc,
Et les cheveux ondés de la brune Amélie.
Julia, de m'aimer ne fera pas semblant.
Car, j'ai su lui promettre un bracelet d'argent.

FARANDOLE

BOLÉRO

Musique nouvelle de **V. BOULLARD**.

Avez-vous connu Farandole
Quand elle avait quinze printemps ?
C'était la plus belle Espagnole...
Mais tout s'efface avec le temps !
Jadis, cette brune Andalouse
De tous les amoureux riait ;
A la danse, sur la pelouse,
J'en sais plus d'un qui lui disait :

   Ah !...
  Mon Espagnole,
  Petite folle
Qui, sans sujet, riez toujours,
  Ah ! prenez garde,
  L'amour vous garde
Peut-être de bien tristes jours !

Farandola sut, par centaines,
Désespérer les amoureux ;
Elle aimait un beau capitaine...
Mais d'elle il détournait les yeux.
L'amour punissait la coquette,
Qui, pleurant, se dit un beau soir :

Je suis donc laide ?... Et la pauvrette,
De dépit — brisa son miroir.
  Ah !...
 Mon Espagnole, etc.

La Farandole en grande dame
S'habilla ; puis fut un matin
Trouver celui qui, dans son âme,
Jetait la mort par son dédain.
Mais, hélas ! la triste brunette,
Voyant son amour méconnu,
Pour un simple objet de toilette,
Prit le bras du premier venu.
  Ah !...
 Mon Espagnole, etc.

A force d'être difficile,
Elle dédaigna vingt maris ;
Pour l'amoureux le plus futile,
Elle éloigna tous les partis.
A quoi sert d'être ainsi cruelle ?
Farandola passe le temps
A pleurer pour un infidèle
Qui rit d'elle et de ses tourments !
  Ah !...
  Mon Espagnole,
  Petite folle
Qui, sans sujet, riez toujours,
  Ah ! prenez garde,
  L'amour vous garde
Pour l'avenir de tristes jours !

BONHEUR, AMOUR ET GLOIRE
CHIMÈRES.

Air : *D'El Karoubi, ou le Poëte arabe,*
ou *Fleur de l'Ame.*

J'avais mis mon bonheur aux mains de la fortune,
Qui, m'excitant au jeu, m'emporta beaucoup d'or ;
Le reste disparut chez la blonde et la brune,
Qui, le faisant rouler, certes n'eurent pas tort.
  A table, et verre en main, ensemble, camarade,
      Oublions le chagrin,
      Et, nargue du destin !
  Opposons en buvant une pleine rasade
      Au fâcheux souvenir,
      L'espoir dans l'avenir.

J'avais mis mon amour aux pieds d'une Lisette,
Et voulais par l'hymen, assurer son bonheur ;
Mais un autre lui plut,... et, bientôt la coquette,
Emporta mon amour, mes projets et mon cœur.
    A table, etc.

J'avais rêvé la gloire, — aux grands jours de bataille,
Et, voulant l'acquérir, même au prix du trépas,
Je montrai mon courage au fort de la mitraille :
Un autre en eût l'honneur, qui ne combattait pas.
    A table, etc.

L'amour, l'ambition, la femme et l'or, chimères !
Fantômes décevants, corps sans âme et sans cœur ;
La gloire seule est là... qui sourit dans nos verres,
C'est l'âme d'un vin pur, qui donne le bonheur !...

  A table, et verre en main, ensemble, camarade,
      Oublions le chagrin,
      Et, nargue du destin !
  Opposons en buvant une pleine rasade,
      Au fâcheux souvenir,
      L'espoir dans l'avenir.

Paris. LE BAILLY, libraire éditeur, 6, rue Cardinale
(près la rue de Buci), faubourg Saint-Germain.

337. — Paris, Impr. de Ch. Bonnet et Comp., 42. rue Vavin.

DE JULES CHOUX.

LES
AMOURS DE FANFAN
LE JOLI TAMBOUR

CHANSONNETTE COMIQUE.

Air de *Manon la Cantinière*. (V. Robillard.)

REFRAIN :

Je suis tapin du vingt-deuxième,
Quoiqu' flâneur, au poste quand même ;
Et, dès cinq heures, tous les jours,
Je donn' le réveil aux amours !
Ran, tan, plan ! en paix comme en guerre!
   J' connais l'affaire
   Et l' command'ment :
Je bats rappel, marche ou roul'ment,
La charge et tout le tremblement,
   A la tête du régiment.

Lorsqu'il faut pour l'art militaire,
Quitter son pays, sa chaumière,
Son pè'r, sa mèr', son chien, son chat,
Sa douce amie... et cætera !..

Chansons de J. Choux.   5ᵉ LIVR.

Faut avoir un' rud' soif de gloire,
Qu'on perd en apprenant à boire,
C'est c' qui m'arrive, à moi, Fanfan,
Plan, ran, tan, plan! tambour battant!

(*Parlé.*) Le métier le veut ainsi. Tout gentil tambour doit aussi bien savoir lever le coude à la hauteur de l'épaule, que les yeux à la hauteur des beautés du premier étage..., et voilà !

Je suis, etc.

Du quartier, j' suis la maladie,
Plus d'un me redoute et m'envie,
Et je n' me flatt' pas à l'excès,
En vous disant qu' j'ai du succès.
Lorsque je passe dans la rue,
Plus d'une, en voyant ma tenue,
Se dit : Qu'il est gentil, c' Fanfan !..
Et... rantanplan, tambour battant!

(*Parlé.*) Rendez-vous pour le soir... motus. Craignez rien, fifine, amour et discrétion, c'est la devise du tambour! On vous causera en douceur... et à la baguette.

Je suis, etc.

Pour ces dam's, il faut que je l' dise :
Serments d'amour, c'est d' la bêtise !
Ell's quittent tambour, caporal,
Pour un sergent... mais c'est égal !
Fanfan le tapin se console,
En se faisant une autre idole,
De la *veuve* de son sergent...
Et rantanplan! tambour battant!

(*Parlé.*) Une de perdue, deux de retrouvées !.. Mais, un jour, la *sergente* vous plante là... Alors,

on repense à la pauvre Victoire, qu'on a laissée seule
au pays ; on profite de l'occasion pour lui donner de
ses nouvelles, et on lui écrit ces deux mots : « *Chère
amie*..... »

   Je suis, etc.

 Sur le terrain de la constance,
 Il faut glaner avec prudence ;
 Car, entre nous, l' métier d' soldat,
 N' permet d' signer aucun contrat.
 Quand une conquête nouvelle,
 Veut m' fair' *jurer* d'être fidèle...
 Promettre est moins compromettant..
 Et rantanplan ! tambour battant.

(*Parlé.*) *Jurer !* mes moyens ne me le permettent
pas !.. Fi, ma belle, vous ignorez donc que jurer est
un des plus grands défauts du soldat ?... Moi, je suis
simple tambour, songez-y, *sacrebleu !*.. Oh ! pardon,
j' veux dire que vous avez d' beaux yeux *bleus*.

   Je suis, etc.

 J'ai fait mon temps et mon affaire...
 L'amour, aussi bien que la guerre !
 J'acquis, devant Sébastopol,
 Le droit de me pousser du col.
 Pour les champs, quittant ceux d' la gloire,
 En rapportant à ma Victoire
 Un cœur tout neuf, un bout d' ruban,
 J' veux l'épouser... tambour battant !

(*Parlé.*) A moins que, depuis sept ans, elle n'ait
pris des cheveux blancs, fait six enfants et des
amants... trois fois autant !... Alors, du flan ! par file
à droite, droite !.. je rentre au régiment en répétant
bravement :

   Je suis, etc.

LE GOUT POUR LA PLUME

CHANSON.

Air : *De l'Apothicaire.*
Ou : *Des Coquilles.*

Vous demandez une chanson,
A vos désirs je dois me rendre :
Pourtant j'avouerai sans façon
Que je ne sais quel sujet prendre.
Souvent à la fin d'un repas,
Désir de rimer me consume...
Je vais, pour sortir d'embarras,   ⎫ *Bis.*
Vous chanter le goût pour la plume. ⎭

Dans un modeste appartement,
Je me repose avec délice.
J'étais jadis, au régiment,
Moins bien couché que Lapalisse...
Le service était énervant,
Et mon lit, dur comme une enclume,
Me fit entrevoir bien souvent   ⎫ *Bis.*
Que j'avais du goût pour la plume. ⎭

Le chat du voisin Félicien,
Quand on le bat, fait grand tapage ;
De la voisine, le gros chien,
Avec lui fait mauvais ménage.
Peste soit des gros animaux !
A crier après l'on s'enrhume :
J'aime mieux les petits oiseaux,   ⎫ *Bis.*
Ça tient à mon goût pour la plume. ⎭

La femme d'un peintre en renom
S'éprit d'amour pour un poëte :
Et le mari, trop tard, dit-on,
Découvrit sa flamme secrète.

« Le fait, dit-il, n'est pas nouveau :
A tout, il faut qu'on s'accoutume...
Ayant assez de mon pinceau,
Elle a pris du goût pour la plume. » } *Bis.*

Le fils aîné d'un filateur,
Aime fort la littérature ;
De ses jours, l'inflexible auteur,
Le tient à la manufacture.
L'un des deux à tort, se dit-on,
Ce n'est pas le fils, je présume...
Il ne peut filer du *coton*,
Pusqu'il a du goût pour la plume. } *Bis.*

A l'âge heureux de quatorze ans.
Que ma Louise était jolie !
Avec un bonnet à rubans,
Vrai, je l'aimais à la folie.
Elle entrevit un sort plus beau
Dans l'entreprise du bitume...
Elle porte à présent chapeau,
En montrant son goût pour la plume. } *Bis.*

Certain bourgeois qui se croit fin,
Et n'est pour moi que malhonnête,
Prétend qu'un loup qui meurt de faim.
Ressemble à maint pauvre poëte.
Le loup ne fait pas de couplets,
Ça n'entre pas dans sa coutume...
C'est... en dévorant les poulets,
Qu'il montre son goût pour la plume. } *Bis.*

Chacun agit d'après ses goûts :
On se bat par goût pour les armes ;
Par goût, les plus adroits filoux
Se sauvent devant les gendarmes.
Par goût, on pleure, on chante, on rit.
On boit, on aime, on prise, on fume...
Par goût, des méchants me l'ont dit :
On n'a pas de goût pour ma plume. } *Bis.*

MOI, ÇA M'AMUSE

CHANSONNETTE

Air : *Je m'embête.* (G. Nadaud.)

Dans cette vie, on a peu de plaisir.
Un vieux dicton, qui pourtant rien ne prouve,
Dit qu'on le doit prendre dès qu'on le trouve ;
Aussi, chacun s'empresse à le saisir.
Je mets le mien à caresser la muse,
Pour lui surprendre au vol quelques couplets,
Sans m'inquiéter s'ils sont bons ou mauvais...
    Moi, ça m'amuse.

Lorsque je vois un mari malheureux,
Presser les mains à l'amant de sa femme,
Son sort me fait bâtir un mélodrame,
Où le beau rôle est au couple amoureux.
Pauvres maris ! que d'efforts, que de ruse,
Pour vous tromper, emploient tous ces gandins !
En bon garçon, bonnement je vous plains...
    Mais, ça m'amuse.

Lorsque je vais au Théâtre-Français,
Je perds le fil dans une comédie ;
Si je m'endors pendant la tragédie,
Je me réveille au bruit de son succès.
Ai-je bon goût !.. Plus d'un me le refuse :
Aimer à rire... on n'en est pas plus sot.
J'ai vu, dix fois, jouer *le Punch Grassot*..
    Moi, ça m'amuse.

Je ris beaucoup quand je vois, sans façon,
Dumas, Gozlan, Balzac l'inimitable,
Eugène Sue, écrivain regrettable,
Mis au rebut par un vers de chanson !
La chanson meurt ; — avec l'orgue tout s'use —
Le livre alors, sous vingt formats nouveaux,
Vient éclairer des lecteurs moins... badauds...
    Et les amuse.

Rose est charmante et ferait des heureux ;
Mais elle dit aux oiseaux de passage :
Je n'ai qu'un cœur et je rêve en ménage
Le doux plaisir de roucouler à deux.
Craignant toujours qu'un amant ne m'abuse,
Je vis seulette, et fais ce que je dois :
J'ai mes chansons, mon aiguille et mes doigts...
    Et ça m'amuse.

Je ris de ceux qui risquent un cheval,
Pour quelques louis de gain, dans une course ;
Et de ceux-là, qui vont perdre à la Bourse
L'argent qu'ils ont, au prix de tant de mal.
Je ris, — ici, j'ai besoin qu'on m'excuse, —
Mais... ces combats, ces dîners de journaux,
Qui sont suivis de longs procès-verbaux...
    Tout ça m'amuse.

Vous le voyez, Messieurs, je ris de tout :
Tout ici-bas, hélas ! me donne à rire !
J'aurais beau jeu, si j'en voulais plus dire,
Et ma chanson craindrait plus d'un aïeul.
Si vous riez des écarts de ma muse,
Si vous bâillez entre chaque couplet,
Applaudissez ou chutez s'il vous plaît..
    Moi, ça m'amuse...

LE RÉVEIL
D'UNE JEUNE FILLE
RÊVERIE.

Air : *Des Bâtons de vieillesse.*

REFRAIN.

Beaux amours que je vois courir
Dans la rosée et l'herbe verte,
Venez, ma fenêtre est ouverte, } *Bis.*
Si maman ne veut pas ouvrir !

Oh ! le beau jour que celui-ci !
Le vent frémit dans le feuillage ;
Les oiseaux chantent au bocage,
Leurs chants arrivent jusqu'ici.
Sur mes bras et sur mon sein nu,
Je sens le souffle du zéphire
Et je ne sais quoi d'inconnu
Me remplit d'un tendre délire...

    Beaux amours, etc.

De la fleur l'arome embaumé,
Jusqu'au fond de mon cœur pénètre ;
Il me semble qu'ainsi doit être
L'haleine de mon bien-aimé.

Sans doute il est assis là-bas,
Pensant à moi sous la feuillée;
Il dit mon nom tout bas, bien bas.
Ne me croyant pas éveillée...
  Beaux amours, etc.

Lorsque je pense aux heureux jours,
Où, tous deux enfants, sur les grèves,
Nous nous préparions de doux rêves
En jouant avec les amours!
Je me souviens de ce beau soir,
De ce soir d'ineffable ivresse,
Où, nos cœurs tout remplis d'espoir,
Respiraient plaisir et tendresse.
  Beaux amours, etc.

Tous ces dangereux souvenirs
Sont pour mon cœur des traits de flamme;
Ils troublent la paix de mon âme,
Ils aiguillonnent mes désirs!
Fermons! ce zéphir est brûlant;
Ces fleurs sont des enchanteresses;
Ce parfum est trop enivrant...
Ces oiseaux font trop de caresses!..

Beaux amours que je vois courir,
Dans la rosée et l'herbe verte,
Venez, ma fenêtre est ouverte... } *Bis*
Maman ne voudrait pas ouvrir!

LA FÊTE
DU
MOIS DE MAI

CHANSON-PROGRAMME.

Air : *Ah ! le bel oiseau, maman.*

Quoiqu'elle ait tout réformé,
   La République
     Se pique
De n'avoir pas supprimé
La Fête du mois de Mai.

Au mois de Mai, le premier,
Tous ceux qui prenaient la peine,
De fêter le roi dernier,
Attendront bien la quinzaine.
   Quoiqu'elle, etc.

Tout l' monde a l' droit d'en user ;
La gaieté s'ra sans égale.
Comme l'on va s'amuser !
C' n'est plus le roi qui régale !
   Quoiqu'elle, etc.

Aux boul'vards, sur les trottoirs,
Afin qu'on prenne ses aises,
On aura des reposoirs...
Et l'on n' paiera pas les chaises.
   Quoiqu'elle, etc.

Des banquets seront offerts
Aux élus de la patrie :
Avec trois cent mill' couverts...
On ne craindra... que la pluie.
    Quoiqu'elle, etc.

Tous les citoyens gourmands ;
Dandys, gardes et bohêmes,
Avec leurs représentants,
Se présenteront eux-mêmes.
    Quoiqu'elle, etc.

Y aura des jeux d' tout's façons,
Des bals, des mâts de cocagne
Et des tirs aux macarons
Oûs qu'à tous les coups l'on gagne.
    Quoiqu'elle, etc.

Sur un char, la Liberté
Pourra charmer notre vue ;
Ainsi que la Vérité,
Elle sera toute nue.
    Quoiqu'elle, etc.

En artifice, on verra
La Bastill' réduite en cendre,
Et chacun regrettera
De ne plus pouvoir la prendre.
    Quoiqu'elle, etc.

Enfin, chaque convié
Qui prendra part à la fête,
Aura droit d' s'y rendre à pied,
Et d'en revenir sur la tête.

Quoiqu'elle ait tout réformé,
    La République
      Se pique,
De n'avoir pas supprimé
La Fête du mois de Mai.   Mai 1848.

LE MOUCHOIR DE JEAN

CONTE.

Au curé de l'endroit, la gentille Fanchette,
Se plaint que son mari se grise et la maltraite ;
   Que chaque soir en rentrant au moulin,
   C'est sur son dos qu'il veut cuver son vin.
Le saint homme la plaint ; puis, maître Jean appelle,
Il lui dit qu'il trouve fort mal,
Qu'un de ses pénitents, dont la femme est fidèle,
La batte... qu'en un mot : c'est un vilain brutal.

— Ah ! (répond maître Jean), voyez-vous la sournoise
C'est elle, qui toujours est à me chercher noise,
Si je lui donne alors quelques coups de mouchoir,
   Qu'elle s'apprête à recevoir,
C'est qu'elle le mérite... Est-elle tant à plaindre ?
— Ma foi (dit le pasteur), vous n'êtes pas à craindre
Si c'est votre mouchoir qui toujours la punit.
— C'est, monsieur le curé, comme je vous l'ai dit.
   Et là-dessus le meunier se retire.

   Fanchette accourt, et ne sait plus que dire,
   Quand le curé la sermonne à son tour.
—Eh ! quoi, vous vous plaignez, parce que, l'autre jour,
   Dans un débat dont vous fûtes la cause,
   Jean vous punit par un coup de mouchoir !
Je n'y vois pas grand mal... (il m'a conté la chose),
   Au surplus, je dois le revoir.

Soyez donc, mon enfant, désormais satisfaite
De ce que maître Jean n'use pas de ses droits,
Pour un coup de mouchoir, vous êtes bien douillette !..
   — Il ne vous a pas dit (reprend alors Fanchette),
      Qu'il se mouchait avec ses doigts !

---
401. — Paris, imp. Ch. Bonnet et Comp., 42, rue Vavin.

BARON LE CABOTIN

CHANSONNETTE COMIQUE

Air : *Ah ! cotillon, cotillon, cotillon*, etc.
Ou : *De la Galopade.*

Je suis Baron,
Non baron,
Mais Baron,
Surnommé l'homme utile ;
Soit à la ville
Ou bien au théâtre, on
Peut compter sur Baron.

Je suis jeun' premier,
Je suis allumeur de chandelles,
Tailleur, costumier ;
Pour les dam's, garçon perruquier.
Mon habileté
M'a mérité,
D'certain's d'entr'elles,
Plus d'un doux regard,
Qui, plus tard,
M'a fait rentrer tard.
Je suis Baron, etc.

Me l'vant d' bon matin,
Je pars, pour apposer l'affiche,
Sur le mur voisin
Et chez tous les marchands de vin.
L' régisseur comptant
Sur le temps, dont je suis peu chiche.
Dort tout son content
Pendant que j' trime en répétant.
Je suis Baron, etc.

Chansons de J. Choux.   6ᵉ LIVRᵒ

C'n'est pas tout encor
Car je suis aide machiniste ;
Je monte un décor,
Et parfois je donne du cor ;
Dans mon noble essor,
Je puis jouer à l'improviste,
Le ch'val Almanzor,
Martin l'ours ou le chien Médor.
Je suis Baron, etc.

J' tiens l'emploi d' souffleur,
Quoique ne sachant pas bien lire ;
Mais je sais par cœur
La pièce... quand j'en suis l'auteur.
Et, si, par malheur,
Un acteur
Ne sait plus que dire,
Je d'viens son appui :
Sans crainte, je parle pour lui.
Je suis Baron, etc.

Comme utilité,
Sans vanité,
J' suis intrépide :
Souvent maltraité,
Presque toujours mal appointé.
Malgré mon talent,
Comblant
A moi seul plus d'un vide,
Hiver comme été
Je suis toujours désargenté.

Voilà Baron,
Non baron,
Mais Baron,
Surnommé l'homme utile ;
Soit à la ville
Ou soit au théâtre, on
Peut compter sur Baron.

LE REFRAIN DES GIRONDINS

Air connu.

Vrais amis que le sort rassemble,
Embrassons-nous, il faut partir;
Nous avons agi tous ensemble...
Ensemble nous devons mourir.
    Mourir pour la patrie!... (*bis.*)
C'est le sort le plus beau, le plus digne d'envie. (*bis.*)

Le canon tonne à la frontière,
Il réclame des combattants;
Et, malgré notre ardeur guerrière,
Nous ne serons pas dans leurs rangs.
    Mourir, etc.

Bien que loin des champs de victoire,
Il enchaîne nos cœurs, nos bras,
Le pays nous devra sa gloire,
Et nous lui devrons le trépas.
    Mourir, etc.

C'est à toi, beau pays de France!
Que ce dernier toast est porté;
Nous trinquons à la délivrance,
Et buvons à ta liberté!...
    Mourir, etc.

Compagnons, la mort nous appelle,
La mort!... non, c'est la liberté!
Quand on a combattu pour elle,
On peut redire avec fierté:
    Mourir pour la patrie!... (*bis.*)
C'est le sort le plus beau, le plus digne d'envie. (*bis.*)

LA
CHANSON DE LA FOLLE

ROMANCE

Musique nouvelle de V. **Boullard.**

Enfant joyeuse et folle,
Ignorant ici-bas,
Que le bonheur s'envole
Et qu'il ne revient pas!
Longtemps je fus heureuse,
J'étais belle et rieuse,
Mais, hélas! mon bonheur
Fit place à la douleur!

Petit oiseau qui passe,
Toi qui sais mon secret,
Oh! redis-moi, de grâce,
Le refrain qu'il chantait :
   Trala, la, la,
  Oui, c'est bien cela... } *bis.*
Petit oiseau qui passe,
Oh! redis-moi, de grâce,
Le refrain qu'il chantait! (*Bis.*)

Un jour, dans la montagne,
Arrive un beau seigneur,
Sa voix douce me gagne
Et sait toucher mon cœur!..
Ah! plaignez ma détresse,
L'objet de ma tendresse
M'a repris son amour
Et j'attends son retour.
    Petit oiseau, etc.

Pour oublier ma peine,
Le cœur rempli d'espoir,
Je reviens dans la plaine
Où nous rêvions le soir;
Mais en vain je l'appelle,
Car je ne suis plus belle,
Et l'ingrat que j'aimais,
Ne reviendra jamais!...

Petit oiseau qui passe,
Toi qui sais mon secret,
Oh! redis-moi, de grâce,
   Trala, la, la,
  Oui, c'est bien cela... } *bis.*
Le refrain qu'il chantait :
Petit oiseau qui passe,
Oh! redis-moi, de grâce,
Le refrain qu'il chantait!   (*Bis.*)

SONNET.

Camille n'a que dix-huit ans,
Et Laurette à peine en a seize.
D'aimer, Camille serait aise ;
Laure semble dire : J'attends.

Entre elles deux, mon cœur se pèse :
Les jeunes gens sont inconstants.
Qu'à l'une ou l'autre un jour je plaise
L'amour durera-t-il longtemps?

Entre deux frais et doux minois,
Deux tendres fleurs, deux tourterelles ;
Entre deux vives étincelles.

Je n'ose vraiment faire un choix :
Laurette est pourtant bien gentille!
Mais sa sœur Camille!... ah! Camille!!

LA LÉGENDE
DE LA BERGÈRE

BALLADE

Air : *De la Légende de la Nonne* (Deloche.)

RÉCITATIF.

  Venez tous, garçons, et vous fillettes.
  Venez tous ; je viens en ce jour,
Pour vous dire une histoire à mon tour...
C'est l'histoire, l'histoire d'une bergerette,
  Une simple histoire d'amour !

Agnèle avait seize ans, à peine :
Loys n'en avait guère plus ;
Mais, ce soir là, pour l'inhumaine,
Ses soupirs étaient superflus. (*bis.*)
Le vent qui soufflait dans l'espace   } *bis.*
Faisait chanter dans les roseaux :
— Enfants, voici le loup qui passe... } *bis.*
Rentrez bien vite vos troupeaux !

A toi ma vie, à toi mon âme !
Agnèle, réponds en ce jour ;
Plus tard, tu deviendras ma femme,
Je le jure, par mon amour ! (*bis.*)
Et le page avait tant de grâce,   } *bis.*
A faire des serments si beaux !
— Enfants, voici le loup qui passe... } *bis.*
Rentrez bien vite vos troupeaux !

Comment, hélas! ne pas s'entendre?...
On a seize ans, le teint vermeil!
Le temps est doux et l'herbe est tendre...
On veut voir coucher le soleil! (bis.)
Dans ses filets, l'amour enlace   } bi.
Les amoureux jeunes et beaux...
— Enfants, voici le loup qui passe... } bis.
Rentrez bien vite vos troupeaux!

Ayant tout donné, sur parole,
A l'amant qui s'est parjuré,
La pauvre fille est mère... et folle!
Au doigt, son enfant est montré...
Comme elle, au doigt, il est montré.
Et chacun leur jette à la face

En formant un bouquet,
 Une bergère
 Vive et légère,
Doucement invoquait
La blanche fleur. la fleur qui lui manquait.
 Oh ! reviens, etc.

On dit que, sans détours,
 Blanche fleurette,
 Ta collerette,
Oracle des amours,
Répond toujours aux plus charmants discours.
 Oh ! reviens, etc.

Au cœur de mes bouquets,
 Tu seras reine ;
 Et là, sans peine,
Boutons d'or et bluets,
Tes courtisans deviendront tes sujets.
 Oh ! reviens, etc.

Elle en trouve une... enfin !
 L'enfant la cueille,
 Soudain l'effeuille ;
Et, le long du chemin,
Elle redit en lisant son destin :

Oh ! reviens, humble fleur des champs ;
 Reviens, il est temps,
 Blanche marguerite !
 Fleuris bien vite
 Et rends au printemps
 Ton modeste encens,
 Qui charme les sens.
  Ah ! ah !
  Ah ! etc.

LOUANGES
DE LA PUCE

CHANSONNETTE.

Air : *De la Treille de sincérité.*

Puce gentille,
Saute, sautille,
Petit insecte intéressant....
Celui que tu mords jusqu'au sang
Doit t'en être reconnaissant.

Le Créateur de la nature,
En faisant l'homme son pareil,
A dit que chaque créature
Aurait une place au soleil ! (*bis.*)
Et, contre l'homme, la rancune
S'exerce au silence des nuits ;
Ton soleil, à toi, c'est la lune,
La veilleuse de nos ennuis.
    Puce gentille, etc.

Du repos, quand même ennemie,
Tu réveilles le paresseux,
Qui de sa musette endormie
Obtient un poëme fameux : (*bis.*)
Pendant que la lampe s'allume,
La flamme lui monte au cerveau :
Le romancier reprend sa plume
Et nous donne un livre nouveau.
    Puce gentille, etc.

Lise, entre l'index et le pouce,
Te tient... encore cette fois,
Mais, las, d'une façon si douce
Que tu t'échappes de ses doigts. (*bis.*)
Son mari, crois-tu qu'il sommeille?
Il te cherche, mal à propos,
Car un beau matin, il s'éveille
Père de deux enfants jumeaux!
   Puce gentille, etc.

Les explorateurs d'Amérique,
Les savants, les ingénieurs,
Les inventeurs de mécanique,
Te doivent nom, fortune, honneurs. (*bis.*)
Machin, pour nous donner la poudre...
Chose, les navires volants...
Je n'sais qui... la machine à coudre,
Ont tous été *mordus* à temps.
   Puce gentille, etc.

De certain Tartuffe en prière,
Qui te prendrait, non sans rougir,
Crains de susciter la colère,
Car tu pourrais t'en repentir. (*bis.*)
Va plutôt chez fille jolie
Qui rêve à tous ses amoureux;
Décide-là par l'insomnie,
A rendre l'un ou l'autre heureux!
   Puce gentille, etc.

Par des revers, un homme sage,
Laborieux, intelligent,
Etant surpris, perdait courage
Et comptait son reste d'argent. (*bis.*)
La confiance était en fuite;
Le travail vient la raffermir:
Il songeait à faire faillite...
Mais tu l'empêchas de dormir!
   Puce gentille, etc.

Faut-il pour le peuple un théâtre?
Ou pour nos banquiers des palais?
Jour et nuit pour gâcher du plâtre,
On fait des plans et des projets. (bis.)
— Vois sourire un jeune architecte
Près d'un chef-d'œuvre s'endormant;
Surprends son rêve, ô frêle insecte,
Et le réveille au bon moment!
  Puce gentille, etc.

Comme le singe qui grimace,
Et te trouve douce à *croquer*
T'ayant prise... je t'ai fait grâce,
Non par crainte de te manquer. (bis.)
Mais quand ta morsure m'éveille,
Toujours pour payer ta rançon,
Tu me mets *la puce à l'oreille*,
Et j'accouche d'une chanson.

  Puce gentille,
   Saute, sautille,
Petit insecte intéressant,
L'homme que tu mords jusqu'au sang,
Doit s'en montrer reconnaissant.

QU'EST-CE QU'AIMER?...

AMOURETTE

Air : *Genets qui parfumez mes rêves.*

C'était un lendemain de fête,
Assis dans des lieux écartés,

Le feuillage ombrageait ma tête,
Marie était à mes côtés.

LA MYTHOLOGIE
EN PLEIN VENT.

SCÈNE COMIQUE.

Air de *Clampin en Chine* (V. Parizot).

REFRAIN.

V'nez voir, mes amis,
Pour dix centim's, c'est l' prix,
Mes scèn's mythologiques ;
Ell's sont magnifiques
Et vous en s'rez surpris :
Deux sous, ça vaut son prix !

Pour deux sous, chez moi, s'montrent les dieux
    Aux yeux ;
Pour deux sous l'on grimpe
Et l'on s' promène dans l'Olympe.
J' racont' mot pour mot,
C' qui s'est passé là-haut.
D'après nos auteurs
Les plus anciens, les moins menteurs.
    La mythologie,
    Science choisie,
    Fera donc partie
    De votre savoir....
Et vous direz tous à la sortie
Que vous reviendrez me voir !

(*Parlé.*) Oui, mes amis ; car, bien que la mythologie *soit issue* — un vrai tissu — de mensonges et de chimères, il est bon de la connaître, ne fût-ce que de réputation... comme moi-même ! Qu'est-ce, en effet, que la mythologie ? C'est un mot, un double mot, *mythos-logos*... mais il vient du grec ! J'entends quelqu'un me dire qu'il aurait bien pu y rester... possible ! mais la mythologie est très-utile à l'industrie, aux beaux-arts et à la poésie. — Et, comment les bossus, les borgnes et les *bancaux* se feraient-ils une idée du fort et du beau, s'ils n'avaient ouï vanter les Narcisse, les Apollon, les Adonis, etc....? Comment les femmes laides et maigres se prendraient-elles d'envie pour les *Grâces*... qu'elles n'ont pas, si elles n'avaient vu la Vénus Astarté, la Vénus Anadyomène, celles de Médicis, de Milo, de Cythère, et enfin la Vénus aux belles... *tresses*, dite *Vénus qu'a la pige* sur toutes les autres Vénus, grâce à ses grâces... assez grasses ?... Du reste, vous la verrez ; elle fait la nique à la comète et peut s'asseoir dessus, car pour les cheveux... (*baisant le bout de ses doigts.*) c'est une éclipse totale et complète.... Allez la musique !

V'nez voir, etc.

Vous verrez l' Soleil,
Phœbus, blond sans pareil,
Et Phœbé la blonde,
Qu'on nomme *Luna* dans le monde ;
Le grand Jupiter,
Pluton, le roi d'enfer,
Bref, un tas d' bons dieux
Et de déess's qui sont au mieux.
De blanches naïades,
De gentes dryades.
Les hamadryades,
Ces nymphes des bois,
Qui, protégeant les arbres malades,
Mettaient l' bûch'ron aux abois....

(*Parlé.*) Ici commence la série des métamorphoses. — Vous verrez Actéon changé en *cerf-volant...* volant à sa perte dans la forêt. Sachant que Diane se baignait avec un peignoir de soleil, ainsi que ses nymphes... c'est-à-dire sans le moindre caleçon, le jeune imprudent osa se permettre de les contempler à son aise. Ébloui par tant de beautés... plastiques, fasciné par tant d'appas naissants et disparaissants, il s'écria : *Oh! ces têtes!...* (*se reprenant*) C'est étonnant! Grand émoi parmi les baigneuses. Notre curieux se voyant surpris pense à se déguiser en cerf. — En cerf, soit, dit Diane irritée, et elle commence par lui faire les *cornes*, finit par lui faire la queue, et... le malheureux s'enfuit... il court encore! — Le Jugement de Paris. Le beau berger est invité par trois déesses à donner sa pomme d'amour à celle qui aura les plus beaux mollets. Il les examine tour à tour, et voyant qu'elles ont des bas de laine et des *mots laids* dans la bouche, il leur crie : Grâces, Grâces!... et il se sauve pour ne pas faire deux jalouses et éviter la guerre de *trois*. — La nymphe Io, changée en vache par Jupiter, pour la soustraire à la vengeance de Junon, qui ne pouvait la voir qu'avec *dépit*. Vous remarquerez ce tableau, où le maître de l'Olympe se métamorphose lui-même en taureau pour voir sa maîtresse. C'est alors qu'elle lui dit : O Jupin, ô mon roi! que tu es grand, que tu es beau, quand tu laisses là *ton air de dieu...* pour prendre *ton air de bœuf!* Allez la musique!

V'nez voir, etc.

Vous verrez encor
Plutus, le dieu de l'or ;
Junon la déesse,
De Jupiter femme et maîtresse.
Vous verrez Comus,
Crésus, le gai Bacchus...
Tous les noms en *us*
Qui vous sont peut-être *inconnuss...*

Auprès de Pomone,
La tendre Erigone
Vous fera l'aumône
Du plus doux regard ;
Et Bacchus, qu'est un fils de *Latone*.
Vous offrira du nectar

(*Parlé.*) De tableau z'en tableau, vous pénétrerez dans la cantine des pompiers du firmament. Là, vous verrez MARS et VÉNUS. ; Mars, en invalide du Gros-Caillou de là-haut, rend visite à Vénus, qui est devenue Catin.... la vivandière du régiment. Il lui demande un verre de 107 ans, et si elle a *vu le Kain*... au Théâtre-Français. — Ma foi, non, reprend Vénus ; j'ai même oublié le chemin de *sa turne*. Mars dit alors à Vénus qu'elle lui a marqué six canons de trop sur l'ardoise ; l'aimable cantinière sourit, prend sa craie et les efface d'un trait.... C'est de ce trait-là qu'est venue la première idée des *canons rayés* ! — Le poëme de JUPITER ET LÉDA, depuis le premier jusqu'au dernier chant... du cygne. Vous verrez Léda, toute seule... Jupiter est parti depuis un instant. Le seul signe de sa présence est une lettre qu'il a laissée à la belle.... C'est un cou de cygne coupé.... Les personnes qui savent lire remarqueront que cet abatis a toute l'apparence d'une *grosse S*.... Ce dernier tableau sert de morale au poëme. — Mais c'est assez vous amuser aux bagatelles de la porte. Entrez, messieurs, entrez, mesdames ; prenez vos billets ! On ne paye qu'en sortant, au comptant, et si l'on est content, je suis content.... Allez, la musique !

V'nez voir, mes amis,
Pour dix centim's, c'est l' prix,
Mes scèn's mythologiques ;
Ell's sont magnifiques,
Et vous direz, surpris :
Deux sous, ça vaut son prix !

MA PAUVRETÉ

A MON AMI E...
Qui m'avait envoyé un panier de vin.

Air : *C'est un lonla landerirette.*

Dans mon indigence honnête,
Je suis plus heureux qu'un roi ;
Aussi gaîment je répète
A qui se moque de moi,
    Ma pauvreté,
    Landerirette !
A du vin et de la gaieté.

L'amour pare ma couchette
Avec des festons de fleurs !
Même il en chasse, en cachette,
Les soucis et les douleurs.
    Ma pauvreté, etc.

Il est vrai, dans ma chambrette,
Je n'ai pas de superflus :
J'ai deux verres, une assiette...
Et que me faut-il de plus ?
    Ma pauvreté, etc.

Quelquefois, tendre Lisette,
Chez moi vient passer la nuit,
Et le plaisir qui la guette,
Se glisse dans mon réduit.
    Ma pauvreté, etc.

Et puis, Lisette est si folle
En fredonnant mes refrains;
Sa douce voix me console
Et dissipe mes chagrins.
    Ma pauvreté, etc.

En l'accablant de caresses,
Les bras autour de son cou,
Je lui dis : ô ma maîtresse!
De tes attraits je suis fou !
    Ma pauvreté, etc.

En jouant, l'amour s'apprête
Le matin à l'éveiller ;
Présidant à sa toilette,
Il rit sur notre oreiller.
    Ma pauvreté, etc.

Ainsi, loin qu'il me maltraite,
Le destin me fait du bien :
J'ai des fleurs et ma musette ;
Je n'ai plus besoin de rien.
    Ma pauvreté, etc.

ENVOI.

J'avais du pain blanc pour vivre,
C'était suffisant, ma foi !
En l'arrosant, je m'enivre,
Et puis chanter : Grâce à toi,
    Ma pauvreté,
    Landerirette,
A du vin et de la gaieté !

LES TOQUÉS

OU

UNE PROMENADE A BICÈTRE

Air : *Faut d' la vertu*, etc.

Ah! que les toqués sont heureux,
Quand donc le serai-je comme eux?

Grâce à l'excitant qui nous lie,
Aux gens que la raison a fui,
Je vais, célébrant la folie,
Comme Erasme, dire aujourd'hui :
    Ah! que, etc.

Que d'hommes ont usé les cages
Et les cachots de leurs partis,
Qui, traités de fous par des sages,
N'étaient rien que des abrutis.
    Ah! que, etc.

J'ai visité la vaste enceinte
Où les victimes de l'amour,
Du travail, du jeu, de l'absinthe,
Viennent se loger tour à tour.
    Ah! que, etc.

Là, j'ai vu, peintres, statuaires,
Ecrivains, inventeurs sans nom,
Qu'un passé riche... de misères
A plongés dans un cabanon !
    Ah ! que, etc.

L'auteur d'un drame épouvantable
Disait avec sincérité :
Je dois bon gîte et bonne table
A ma pièce de la gaîté.
    Ah ! que, etc.

Un romancier, lisant sa prose,
Murmurait avant d'être au bout :
Pour imprimer pareille chose
Il faut qu'un auteur soit bien fou !
    Ah ! que, etc.

J'ai vu des fous très-sociables,
Qui, se promenant deux à deux,
Comme des hommes raisonnables,
Déraisonnaient à qui mieux mieux.
    Ah ! que, etc.

Ils disaient : « Que l'on dorme ou veille,
Ici, l'on a tout sous la main ;
On mange et boit son soûl la veille,
Sans nul souci du lendemain. »
    Ah ! que, etc.

« Tous les trésors de cette terre
S'y promenant en liberté,
Chacun se croit propriétaire
Riche ou puissant à volonté. »
    Ah ! que, etc.

« On n'a plus d'amis, de maîtresse,
On voyage au champ de l'oubli ;
Pour les parents plus de tendresse :
On n'est attaché... qu'à son lit. »
    Ah ! que, etc.

On a sa maison de campagne,
Et, dormant sur de frais gazons,
On bâtit châteaux en Espagne...
Autour des petites maisons !
    Ah ! que, etc.

Séjour charmant, villa choisie,
Pour les amants et les époux ;
On y rit de la jalousie,
Pensant que l'on fait des jaloux ! »
    A ! que, etc.

« La gaieté, que partout on aime,
Ici règne, car, sans façons,
On peut, sans les faire soi-même,
Chanter de mauvaises chansons. »
    Ah ! que, etc.

Et moi, fou presque raisonnable,
Quoique durement éprouvé,
Je dis : mes vers vaudront le diable,
Quand, grâce à Dieu, j'aurai prouvé...

Que tous les toqués sont heureux :
Quand donc le serai-je comme eux ?

LES CINQ SOUS

DU PROLÉTAIRE

RONDE.

Air . *Les gueux, les gueux* (de Béranger).

Cinq sous, cinq sous !
Ah! nous allons tous
Rire comm' des fous,
Pour nos cinq sous.

Nous sommes en République
Et pouvons (c'est plus coquet),
Flatter notre pique-nique
En le traitant de... Banquet.
    Cinq sous, etc.

Au banquet on nous convie,
Courons prendre nos billets !
Ce n'est plus un' loterie...
Il n'en est pas de mauvais.
    Cinq sous, etc.

Aux *gueul'tons* d' la Constituante,
L'habit sert d'introducteur ;
Chez nous, un' mise décente
N'est pas même de rigueur.
    Cinq sous, etc.

Que nous font chapeaux, casquettes,
Habits ou bourgerons bleus?
Nous serons tous gens honnêtes
A notre repas de gueux.
  Cinq sous, etc.

Il faut, pour choquer nos verres,
Etre ouvriers, comme nous,
Ne pas aimer les faux frères,
Avoir du cœur... et cinq sous.
  Cinq sous, etc.

Malgré l'orateur qui rogne
Le pain noir aux *fainéants*,
Qui l'ont fait, pour cett' besogne,
Payer, par jour, vingt-cinq francs.
  Cinq sous, etc.

On aura, l' programm' l'indique :
Du fromage à profusion,
Le droit d' parler politique,
Et... *du pain* à discrétion.
  Cinq sous, etc.

Amis des bonnes fortunes,
Nous verrons, gais travailleurs,
Près de nous blondes et brunes...
Des femmes. . de trois couleurs.
  Cinq sous, etc.

On d'vra pour les mettre à l'aise,
Taire les couplets badins,
Ne chanter qu' la Marseillaise
Ou le chœur des Girondins.
  Cinq sous, etc.

C'lui qu' la liqueur purpurine
N'aura pas désaltéré,

Pourra prendre à sa voisine,
C' qui s'ra par elle toléré...
    Cinq sous, etc.

L'artilleur eût fait merveille
En nous prêtant ses *grognons*;
Mais chacun dans sa bouteille
Aura.,. cinq ou six *canons!*
    Cinq sous, etc.

Quelques langues importunes
Disent, fort mal à-propos,
Qu'nous irons là *pour des prunes*...
Apportons-leur les noyaux !
    Cinq sous, etc.

Loin d'être sur le qui-vive,
En paix, on banquêtera ;
La liberté s'ra convive,
Et la gaieté présid'ra.
    Cinq sous, etc.

A nous donc, gais prolétaires !
Venez ; car, pour ne pas voir
Fraterniser les bons frères,
Il faudrait ne pas avoir...

    Cinq sous, cinq sous !
    Venez avec nous
    Rire comm' des fous...
    Pour vos cinq sous !

                              (Juin 1848.)

Paris. **LE BAILLY**, libraire-éditeur, 6, rue Cardinale.
    (Près la rue de Buci), faubourg Saint-Germain.
Toutes les chansons contenues dans ce Recueil sont la propriété de l'éditeur.

522 — Paris, Imp. de Ch. Bonnet et Comp., 42, rue Vavin.

Y A DU COTON

(MOT DONNÉ)

Air : *Ça va bon train.*

Si, pour un civet, faut un lièvre,
Faut un bon air pour un bon r'frain ;
Dès qu' j'en tiens un, je m' sens la fièvre,
Comme l'homm' qui, sur le terrain,
De lutter ne s'rait pas en train.
C'est que, de la muse facile,
Etant l' moins vaillant rejeton,
J' dis quand la rime est difficile :
    Ya du coton ! (4 *fois.*)

Ecrivez : Tra la la... *bataille,*
Dessous, tra la la laire... *excès ;*
Ajoutez : tra la la... *mitraille,*
Enfin, tra la la la... *Français,*
Vous aurez toujours du *succès.*
De rim's en Pierre, altière et fière,
Bourrez-moi ça comme un canon...
Si vous voulez une *chos'* guerrière...
    Ya du coton ! (4 *fois.*)

Faisant examiner la trame
D'un tissu, à bas prix coté,
L' commis disait à certain' dame,
Parlant du patron d'à côté,

Dont l' magasin est bien noté :
« Il n'os'rait pas, comm' moi, vous dire,
Hardiment, sans baisser le ton :
Pour vingt francs, j' vous donne un cach'mire...
　　Ya du coton ! » (4 *fois*.)

Voyez cette brune poulette
Qui foule lestement l' trottoir.
Est-elle fraîche et rondelette ?
Comme moi, vous pouvez, ce soir,
En moins d' cinq minutes savoir,
Que les hanch's et la gorgerette
De cette fille du grand ton,
Nous dérob'nt le corps d'une ablette :
　　Ya du coton ! (4 *fois*.)

En quarante-huit, un' triste guerre
Eclata, l'on n' sait plus pourquoi ;
Mais le peuple, dans sa colère,
Luttait... pour ou contre la loi,
Jaloux de défendre son droit.
Ecrasé par le feu d' mill' bouches,
Qui sonnaient l' réveil au canon,
Il disait : Nous manquons d' cartouches,
　　Ya du coton ! (4 *fois*.)

Un' femm' faisant la contrebande,
Quoique soupçonnée aux octrois
D'avoir un embonpoint d' commande
Qui durait depuis dix-huit mois,
Devait accoucher un' bonn' fois.
Un commis la sonde... A ce geste,
On frémit... — C' n'est rien, dit l' planton,
Ell' n'est qu' *plein'* *d'esprit*... quant au reste,
　　Ya du coton ! (4 *fois*.)

J'ai lu, dans certains longs mémoires,
Ecrits au *siècle*... des Titans,

« Il faut savoir braver les jours d'orage ;
« Avoir l'âme et le cœur à la crainte étrangers. »

ROMANCE.

J'offre ma main à la plus belle,
A la plus courageuse aussi ;
Mon palais où l'or étincelle,
Trente braves à ma merci.
    Ils m'aiment comme un frère,
    Et tremblent à ma voix ;
    Pour eux, en paix, en guerre,
    Mes désirs sont des lois.

Quand nous allons chercher fortune,
Il nous arrive bien souvent
De dormir au clair de la lune,
Malgré la pluie, ou bien le vent.
    Hélas ! des jours d'ivresse
    Il faut payer les frais ;
    Aussi, quelle allégresse
    Quand c'est fête au palais !

    C'est là qu'au bruit des verres,
    Aux refrains des chansons,
    On nargue les misères
    Et l'on rit sans façons.
    Ah ! la joyeuse vie ;
    Passer gaîment ses jours,
    Vider jusqu'à la lie
    La coupe d'ambroisie
    Et celle des amours !

RÉCITATIF.

Ainsi, jeunes beautés, la plus belle Andalouse
Sera, n'en doutez pas, la femme du brigand ;
Plus d'une d'entre vous en deviendra jalouse
Et pleurera de perdre un sort aussi brillant...
Consultez donc vos cœurs et votre dévoûment.

Ah ! la joyeuse vie ;
Malgré les mauvais jours,
Vider jusqu'à la lie
La coupe d'ambroisie
Et celle des amours !

II

De tous cotés on vit accourir des fillettes.
C'était à qui serait l'épouse du bandit ;
En deux jours, Spolatro vit cinquante brunettes
Se disputer sa main, comme il l'avait prédit.

L'amour avait bien moins tenté que la fortune
    Ces cupides beautés
    Aux soupirs empruntés ;
Aussi fit-il cadeau d'un hochet à chacune,
    Puis, en les renvoyant,
  Il leur dit, souriant :
  De vous chacune est assez belle
  Pour être reine, en vérité ;
  Mais je lui serais infidèle,
  Car du beau sexe, enfant gâté,
  Spolatro, jeunes Andalouses,
  Ne veut pas faire de jalouses :
  Toutes retournez au travail,
  Il ira vous prendre au bercail
  Dès qu'il lui faudra vingt épouses
  Pour renouveler son sérail...

    Jeunes fillettes,
    Si gentillettes,
  Le bandit aime à varier ;
    Fleur des bons drilles,
    J'aime les filles
  Et ne veux plus me marier ;
  Je ne veux plus me marier,
Et qui pourra sera mon héritier.

LES ROUGES ET LES BLANCS

VAUDEVILLE

Air : *Ah ! comme on entrait*, etc. (Béranger).

  Dans ce bon Paris,
Chacun cherche à faire pratique ;
  L'un vend des écrits,
L'autre de la fauss' politique.
  Bref ! je vois tant d'abus,
  Que n'y résistant plus...
Au marché, pauvre République !
Je crie au seuil de ma boutique :
  Allons, trois d'six blancs,
  Les rouges et les blancs !

  Accourez, chalands,
Venez étrenner votre mère...
  Les œufs que je vends
Sont la viande du prolétaire.
  Si le sort le voulait,
  Il mang'rait du poulet...
Mais les poules pondant encore,
Les œufs n'ont pas le temps d'éclore...
  Allons, trois d'six blancs,
  Les rouges et les blancs !

  Quand la liberté
Me couvait des fils par douzaine,
  Dame Egalité,
Les faisait naître par centaine.
  Hélas ! mes coqs... peu francs,
  Les avaient tous faits *blancs :*

Oui, les roug's ne d'vaient leur nature
Qu'à leur chute dans la teinture...
   Allons, trois d'six blancs,
    Les rouges et les blancs !

   Chacun sait que l'eau
S'en va toujours à la rivière ;
   Le marchand d'coco,
Ne vendant rien se désespère.
   Il veut changeant de nom,
   Débiter au canon ;
Bien mieux !.. il va s'mettre en boutique,
Et dir', pour tenter la pratique :
   Allons, trois d'six blancs,
    Les rouges et les blancs !

   Maints gros financiers,
Font, par des alertes diverses,
   Que nos boutiquiers
S'enfoncent dans tous les commerces.
   Le retour des Bourbons
   Enchérit les coupons,
Puis, le bruit remonte à sa source,
Quand l'argent a fui de la bourse...
   Allons, trois d'six blancs,
    Les rouges et les blancs !

   Brûlons maint drapeau.
Que notre souvenir abhorre :
   Comme le plus beau,
Reconnaissons le tricolore,
   Tant qu'il sera, morbleu !
   Et rouge, et blanc, et bleu...
Devant les bannières du crime,
Nous dirons d'un' voix unanime :
   Allons, trois d'six blancs,
    Les rouges et les blancs !

                    1848.

LE BONHOMME PICARD

Air de la Catacoua.

Las du bruit de la capitale,
J'ai rechaussé mes gros sabots ;
Je rentre en ma ville natale
Bourse vide et sac sur le dos.
Je ne suis point méchant apôtre,
Mais, vivant toujours à l'écart,
    Foi de Gaspard,
    Orgueil à part,
Pour discuter, si je suis en retard,
Au pays, j'en vaux bien un autre :
Je suis *le Bonhomme Picard.*

Puisque madame République
Ne nous donne qu'un jour par mois,
Pour jaser un brin politique
Et nous éclairer sur nos droits,
Des journaux je grossis la liste
En en faisant un sans retard.
    Foi de Gaspard,
    Orgueil à part,
Vous comprendrez mon style campagnard.
Amis, je me fais journaliste :
Lisez *le Bonhomme Picard.*

Quoique blanchi sous la charrue,
Je possède encor ma vigueur ;
Aussi Février dans la rue
Me trouva tout rempli d'ardeur.
Fils d'un patriote sincère,
Au combat je dus prendre part.
    Foi de Gaspard,
    Orgueil à part,
Mon vieux mousquet envoya maint pétard
Dire aux sbires du ministère :
Je suis le Bonhomme Picard.

Je suis dévot à ma manière ;
A la messe je ne vais pas.
Lorsqu'on me parle du Saint-Père,
Ça me met dans tous mes états.
Mais quand je rencontre un pauvre homme,
Je le soulage sans retard.
  Foi de Gaspard,
  Orgueil à part,
Si Dieu là-haut m'en tient compte plus tard,
Il n'ira pas le dire à Rome...
Je suis le Bonhomme Picard.

Maint journal, prêchant l'ignorance,
Veut que nous soyons tous des saints ;
Il veut de notre belle France
Faire un couvent de capucins.
Désormais, les maîtres d'école
Seront ferrés sur Escobar.
  Foi de Gaspard,
  Si, d'un cafard,
Les conseils font de mon fils un gaillard,
Dans leur régiment je m'enrôle...
Je suis le Bonhomme Picard.

L'esprit républicain travaille,
Il est déjà dans tous les cœurs ;
Attendons la grande bataille :
Dans deux ans nous serons vainqueurs.
Et d'ici là, si les Cosaques
Venaient sous les ordres du czar,
  Le vieux Gaspard,
  Sans nul retard,
Quitterait tout pour suivre l'étendard
Qui leur ferait tourner casaques...
Voilà le Bonhomme Picard !

Mai 1850.

MATHIEU ZÉPHIR
L'AIMABLE VERSEUR

Air : *Moi, je flâne*, etc.

REFRAIN :

Moi, je verse,
　　Verse, à verse,
Café, crême et ne renverse
Que ma voix, où toujours perce,
　　Le désir
　　De vous servir.

Du grand café Mazarin,
Je suis le verseur unique,
Et sais, grâce à mon physique,
Faire avaler mon refrain.
En versant, je dis quand même
A qui me plaît ou déplaît :
« Monsieur, voulez-vous d' la crême?...
« Madam', voulez-vous du lait?... »
　　(*Parlé.*) Voilà!....
　　Moi, je verse, etc.

En ce bas monde, il nous faut,
Pour vivre, être quelque chose :
L'un cultive, l'autre arrose,
Et chacun fait son magot.
J' pourrais, comme cent bons apôtres,
Étant versificateur,
Fair' des vers... envers les autres.
Mais j' préfère être *verseur !*
(*Parlé.*) Versez, gauche !... Voilà !... Boom !...
　　Moi, je verse, etc.

Au café, je suis cité
Pour ma taille et ma bonn' mine ;
Dans tout le quartier Dauphine,
Je verse à flots la gaîté.
Mon organe fait sourire
Et déride les moins gais ;
Ceux qui n'en voudront pas rire,
De rien ne riront jamais.
(*Parlé.*) Versez chaud ! — Boom !...
    Moi, je verse, etc.

Je fais, *verseuses* en main,
Dans l' courant d'une journée,
Plus de cent fois ma tournée,
En chantant même refrain.
A l'heure de la sortie,
J' m'habille en disant à part :
Si j' n'ai pas fait ma partie,
J'ai fait le tour du billard.
(*Parlé.*) Voilà ! voilà !...
    Moi, je verse, etc.

J' suis au premier rang placé
Dans l'ordre et dans le service,
Et, si l'on me rend justice,
J' s'rai l' dernier remplacé.
Aussi, j' dirais à ma gloire,
Si j' roulais voitur' demain [*] :
D' la salle au laboratoire,
A pied, j'ai fait bien du ch'min !
(*Parlé.*) Allons donc, garçon !... feu, feu... monsieur Mathieu ! — Voilà, parbleu ! voilà !...
    Moi, je verse,
      Verse, à verse,
Café, crème et ne renverse
Qu'un organe où toujours perce
      Le désir
    De vous servir.

[*] Ce rêve s'est réalisé : Zéphir est aujourd'hui cocher de fiacre.

LA RELIGIEUSE
ROMANCE
Air de : *Faire le bien* (Clapisson).

Naguère au bal, souriante et parée,
Je vous voyais près de vos jeunes sœurs ;
J'étais jaloux de vous voir, admirée,
En souriant accueillir les douceurs.
    Aussi, loin de ce monde,
      Ingrat, triste et moqueur,
    Ayez, ô vierge blonde,
Pitié des peines de mon cœur !
    Priez, ô ma bonne sœur,
Pour adoucir les tourments de mon cœur ! } *Bis.*

Lorsque le flot de la valse légère,
Vous dérobait un moment à mes yeux,
J'étais jaloux, et, la nuit tout entière,
Je maudissais vos courtisans joyeux...
    Aussi, loin de ce monde, etc.

Pour vous, hélas ! plus de doux chants de fête !
Le voile noir jeté sur vos beaux jours
Recouvre aussi mon cœur qui vous regrette...
Adieu pour moi les plaisirs, les amours !
    Aussi, loin de ce monde, etc.

Songerez-vous, dans la sombre demeure,
Où vous allez, Jane, vivre et souffrir,
Que, loin de vous, quelqu'un gémit et pleure,
Sans nul espoir d'un meilleur avenir !
    Aussi, loin de ce monde, etc.

Si quelquefois celui qui vous adore
Vient se montrer à votre souvenir,
Rappelez-vous que l'amour le dévore,
Et loin de vous peut le faire mourir !
    Aussi, loin de ce monde, etc.

Paris. **Le Bailly**, éditeur de musique, rue Cardinale, 6,
faubourg Saint-Germain.

624. — Paris. Imp. de Ch. Bonnet et Comp., 42, rue Vavin.

L'ABSINTHE

COUPLETS FAITS POUR UN PARI (1)

Air du *Mauvais soldat* (V. Robillard),
ou : *La seul' promenad' qu'a du prix*.

Liqueur maudite, mes amours,
    Tu nous possèdes
    Et nous obsèdes,
Liqueur maudite, ô mes amours,
Absinthe, on t'aimera toujours !

Liqueur verte, ici je t'invoque
Au nom de qui subit ta loi :
Reine des poisons de l'époque,
Muse des rêveurs sans emploi,..
Comme certain vaudevilliste,
Qui te doit fortune et renom,
Je veux, coupletier fataliste,
Mettre ton esprit sous mon nom.
    Liqueur maudite, etc.

Si ton *esprit* est un mérite,
Il est pour moi l'esprit du mal ;
Il énerve l'homme et l'irrite,
Le rend sombre ou sentimental.
S'il peut animer le génie

---

(1) Il s'agissait, en prenant l'absinthe... pour sujet, de faire trois couplets en une demi-heure. Au bout de vingt minutes, j'en avais fait six.

Chansons de J. Choux.   3ᵉ Livr.

D'un talent qui baisse le ton,
L'œuvre n'est pas sitôt finie,
Que l'auteur est... à Charenton.
Liqueur maudite, etc.

Chaque soir, l'heure de l'absinthe
Sonne, et le buveur diligent,
Vient jeter à la liqueur sainte
Tout ce qu'en poche il a d'argent.
Philtre perfide et redoutable
Tu lui fais prendre ce parti :
« Ma femme peut se mettre à table,
Je n'ai pas encor d'appétit ! »
Liqueur maudite, etc.

L'homme fort, pris à ton amorce,
Perd à l'instant sa qualité;
Car tu lui retires sa force
En augmentant sa volonté !
Le mari qui de toi s'abreuve
Veut-il rendre certain devoir,
Que soudain il acquiert la preuve
Que vouloir... ce n'est pas pouvoir.
Liqueur maudite, etc.

Quand tu t'es fait nouveaux apôtres
De gens tout farcis de défauts,
Tu te cache, en dépit des autres
Parmi leurs péchés capitaux.
Puis, tes lamentables victimes,
Lasses de traîner leurs ennuis,
Ont recours au dernier des crimes :
Le suicide !... où tu nous conduis.
Liqueur maudite, etc.

Excitant couleur d'espérance,
Qui des mauvais jours, fais des nuits,
Poison qui calmes la souffrance,
Viens mettre un terme à mes ennuis !
Socrate ayant bu la ciguë
Vit sans regret la mort venir...
Versez donc la liqueur qui tue :
Comme un sage je veux finir !
Liqueur maudite, mes amours,
    Tu nous possèdes
    Et nous obsèdes ;
Liqueur maudite, ô mes amours,
Qui t'aime, t'aimera toujours.

LA PETITE CHANTEUSE

ROMANCE

Air : *Pour faire un nid* (Et. Arnaud).

Pour venir à la grande ville,
Lorsque je quittai le hameau,
On me dit : Ta voix est facile,
Tu chanteras... ton sort est beau !
Je chante et n'ai pour tout salaire
Que la honte et que le mépris.
Prenez pitié de ma misère...
On ne peut mourir à Paris !

Ah ! soulagez la malheureuse
Qui, chaque soir, pour vous priera ;
Donnez à la pauvre chanteuse,
Et le bon Dieu vous bénira.

Mes chansons attirent la foule
Dans les endroits que je parcours ;
Elle m'applaudit... puis, s'écoule
Sans m'offrir le moindre secours.
L'espoir me fait chanter encore
De mes refrains les plus joyeux ;
Mais, en vain, mon regard implore...
Le monde passe insoucieux.
Ah ! soulagez, etc.

C'était l'hiver, d'une voix lente,
Chantait encor la pauvre enfant ;
Un soir, elle tomba mourante,
Sur le seuil d'un palais brillant.
L'enfant, à son heure dernière,
Aux sons d'un quadrille joyeux,
Murmurait encor sa prière
Qui, de sa lèvre, allait aux cieux.

Ah ! soulagez la malheureuse
Qui, chaque soir, pour vous priera ;
Donnez à la pauvre chanteuse
Et, plus tard, Dieu vous le rendra.

LA CHARITÉ

COUPLETS FAITS AU RETOUR D'UN TRISTE VOYAGE.

Air : *Chantons Lætamini.*

Un matin à l'hospice
Je suis presque porté :
— Tu veux qu'on te guérisse ?
Viens à la Charité...
— Va pour la Charité :
Vive la Charité !

Le docteur, sans harangue,
Quand mon pouls est tâté,
Dès qu'il a vu ma langue,
Me dit avec bonté :
« Bon pour la Charité : »
Vive la Charité !

Par tous les camarades
Je suis déjà fêté,
Comme un des grands malades...
Si j'en suis enchanté,
C'est pure charité :
Vive la Charité !

Par docteur de mérite
Chaque jour visité,
Pour ma fièvre entérite
Je suis au mieux traité...
Grâce à la Charité :
Vive la Charité !

En battant la campagne,
Mon esprit excité,
Va bâtir en Espagne
Des maisons de santé...
Comme la Charité :
Vive la Charité !

Je compte, pour mémoire,
Sur la postérité ;
Adieu mon nom, ma gloire !
Je suis numéroté...
Comme par charité :
Vive la Charité !

Le curé, tout de flamme,
Vient mettre en sûreté
Ce qu'il me reste d'âme
Contre l'éternité...
C'est de la charité :
Vive la Charité !

Un miracle s'opère :
La fièvre m'a quitté ;
Mon docteur dit : Espère !
Je suis ressuscité !
Salut, ô charité !
Vive la Charité !

Bref, je puis en ce monde
Encore être compté,
Grâce au soin qu'à la ronde
M'ont constamment porté
Les sœurs de charité :
Vive la Charité !

Si je dois un beau cierge
A la Divinité,
J'en dois deux à la Vierge,
Quatre à la Faculté,
Dix à la Charité :
Vive la Charité !

Qu'un jour la mort m'arrête,
Malgré ma pauvreté,
Comme plus d'un poëte,
Pour mourir regretté...
J'aurai la Charité :
Vive la Charité !

Mai 1861.

CONCOURS DE JOLIES FILLES

RONDEAU-PROCLAMATION.

Air : *Pomaré, Maria* (reines de Mabille).

    Fillettes de Paris,
    Venez gagner le prix
    Offert à la beauté,
Qui doit orner le char de Liberté.

Que d'entre vous nulle ici ne se fâche,
Mais, sans douter de vos capacités,
Je vous préviens qu'une aussi noble tâche
Fait entrevoir bien des difficultés.

    Pour poser avec art,
    La déité sans fard
    Qui sait d'un seul regard
Enchaîner tous les peuples à son char,

« Il faut avoir de la Vénus antique,
La taille souple et le buste enchanteur;
Deux frais jumeaux, que, seule, la tunique
Puisse égaler en pudique blancheur.

    De longs et noirs cheveux,
    Dont les anneaux soyeux
    Couvrent un front hautain
Fier de porter le bonnet phrygien.

Il faut avoir sous de brunes paupières,
L'œil noir ou bleu, tendre et fier à la fois;
L'œil caressant, qui sourit à des frères,
L'œil arrogant, qui fait pâlir les rois.

Il faut rendre puissants
Les plus faibles accents ;
Confondre en sa gaîté
Les chants d'amour aux chants de liberté.

Il faut encore une main citoyenne,
Qui, sans trembler, tienne ou glaive ou drapeau ;
Un pied hardi, propre à fouler des chaînes,
Un sceptre, un trône, ou même... un échafaud !

    Les dames de Paris
    Auront-elles le prix
    De courage et d'appas,
Que je suppose (à tort), qu'elles n'ont pas ?

La liberté n'est pas une grisette
Du citoyen quartier Brédi-Bréda :
C'est une femme forte... et fort bien faite,
Et qui, sur les vertus, est à dada.

    Vos minois sont fanés ;
    Vos attraits chiffonnés
    Sous ces charmants corsets
Ne sont pas mal... mais brisons les lacets.

Ah ! que ne puis-je offrir à la plus digne
La pomme d'or, et, moderne Pâris,
Poser moi-même une feuille de vigne
Sur l'humble attrait qui lui vaudra le prix !

    Femme qui vous vantez
    D'avoir les qualités
    Requises par la loi,
Montrez-les donc, pour vous, comme pour moi.

    Venez, filles de Paris,
    Venez gagner le prix
    Offert à la beauté
Qui doit orner le char de Liberté !

                                      1848.

LE CHASSEUR DE LA MONTAGNE

Air du *Chien de Berger* (P. Dupont).

Bravant la pluie et les autans,
Je franchis ravins et torrents.
Avec moi, je porte la foudre,
J'ai des balles, j'ai de la poudre,
Un vieux mousquet, bons yeux, bons bras,
    Chasseur quand il a
        Tout cela,
      Ne tremble pas!

Hardi chasseur de la montagne,
Avant le lever du soleil,
Je sais, pour me mettre en campagne,
Faire trêve à mon lourd sommeil.
Des daims, la folâtre cohorte
Bondit et semble me braver;
Mais Brisquet, mon chien, fait en sorte
De tôt ou tard les retrouver.
      Bravant, etc.

Je préfère au tracas des villes
Les glaciers, les sombres forêts ;
J'y trouve les plaisirs faciles
Et la puissance à peu de frais :
L'ours, au sortir de sa tanière,
Vient tomber sous mon plomb cruel,
Et l'aigle altier, quittant son aire,
Dès qu'il me voit remonte au ciel.
  Bravant, etc.

Belle est ma vie aventureuse,
Mais il y manque un peu d'amour !
Me faudra-t-il, à l'amoureuse,
Faire la chasse quelque jour ?
La gaîté, qui fut ma compagne,
A su rencontrer son vainqueur :
Bref, un beau soir, dans la campagne,
Je crains d'avoir perdu mon cœur !
  Bravant, etc.

Si Perrette, que j'ai choisie,
Pouvait lire au fond de mon cœur
Que je sacrifierais ma vie
S'il le fallait pour son bonheur !
Cent fois, j'ai voulu de la belle,
Connaître aussi le sentiment ;
Mais, hélas ! quand je suis près d'elle,
Je n'ose parler, et pourtant...

Bravant la pluie et les autans,
Je franchis ravins et torrents.
Avec moi, je porte la foudre,
J'ai des balles, j'ai de la poudre,
Un vieux mousquet, bons yeux, bons bras ;
  Chasseur quand il a
   Tout cela,
  Ne tremble pas !

POMPON LA BACHELIÈRE

CHANSONNETTE

REFRAIN.

Je suis Pompon la bachelière,
Je possède à fond l'art de plaire,
Et je dépense mes beaux jours
Avec les ris et les amours.
   Tra la la, tra la la,
    A qui sait me plaire,
    Tra la la la,
   Moi, je plais toujours !

Je suis blonde, j'ai de beaux yeux,
Des pieds d'enfant, des mains de reine,
Un bon cœur, dix-huit ans à peine,
Et plus du double d'amoureux.
   On me trouve parfaite,
   Souvent on me le dit,
   Et chacun me répète
   Que j'ai beaucoup d'esprit.
   Mon âme confiante
   Aime les compliments :
   Dam ! c'est l'unique rente
   Que me font mes amants.
    Je suis Pompon, etc.

L'étudiant est bon pour moi,
Je l'aime pour sa bonne mine ;
Quand l'un me parle médecine
Un autre fait valoir son droit.
   Entre eux, mon cœur balance,
   S'il lui faut faire un choix,
   Et n'ose, en conscience,
   Les aimer à la fois !...

Celui que je préfère
M'a, dès le premier jour ;
Je dis à l'autre : Espère,
Demain viendra ton tour.
    Je suis Pompon, etc.

Je ris des prudes, dont je vois
Tout le mérite en l'art de feindre ;
Quant à moi, qui n'ai rien à craindre,
Je fais ce que je veux et dois.
    C'est ma verte franchise
    Qui me vaut mes succès ;
    Et, sans que je le dise,
    On sait ce que je fais.
    Aussi, qu'à la Chaumière
    Je prenne mes ébats,
    On ne s'inquiète guère
    Si je fais un faux pas....
    Je suis Pompon, etc.

Un monsieur, que l'on dit très-bien,
M'offrait de lui vendre mon âme ;
J'ai dit : A d'autres, votre flamme
Et votre or qui pour moi n'est rien !
    Si j'ai, pauvre fillette,
    Robe, chapeau, camail,
    Cette simple toilette
    Est due à mon travail.
    Ma petite personne
    Gouverne son bonheur,
    L'éparpille et le donne,
    Mais toujours de bon cœur.
    Je suis Pompon, etc.

Paris. **Le Bailly**, libraire-éditeur, rue Cardinale, 6, près la rue
de Buci, faubourg Saint-Germain.

L'ALPHABET DE LA GLOIRE

RONDEAU PATRIOTIQUE

La musique se trouve chez CARTEREAU, éditeur
rue de la Monnaie, 2.

Air : *Ne raillez pas la garde citoyenne.*

Pour préluder au grand tableau d'histoire,
Que nos soldats ont naguère esquissé,
Je vais chanter l'Alphabet de la Gloire :
Faites chorus au nouvel A B C.

A dit. d'abord, Après la Britannique,
L'Autriche est la première nation ;
Mais seulement par ordre alphabétique ;
C'est bienheureux surtout pour Albion.

B, vient ouvrir le registre des Braves.
Près de Beuret, qui sont morts vaillamment.
Et la Camarde, au C met des entraves
En prenant Cler, blessé mortellement.

Le D, nous dit qu'au cri de Délivrance,
Un peuple ami réclamait du secours,
E... qu'aussitôt la généreuse France,
Pour l'affranchir, lui prêta son concours.

F, sert de chef aux Fusils téméraires,
Effarouchant, faisant fuir l'ennemi ;
G, sert de Guide aux Guerriers volontaires,
Que pour la Gloire arma Garibaldi.

H, est l'outil des sapeurs du Génie,
Hardis soldats, dont le travail fini,
Nous ouvre un champ sur la Horde ennemie
Et nous permet d'aller droit comme un I.

Le J, son frère, a la même puissance,
Portant le point, il reste son égal ;
Et s'il entend crier : Indépendance !
Il dit : J'y suis,... c'est le point principal.

K, fit du bruit à Malakoff, naguère ;
Mais aujourd'hui le Cas est différent :
C'est près du Pô qu'on nous livre la guerre...
Voici le K de le passer gaîment.

Comptant sur L, et sur sa renommée,
La Péninsule a défendu ses droits...
Avec la France et sa vaillante armée
L, a pris part aux plus nobles exploits.

M s'est inscrit au temple de Mémoire :
Montebello, Magenta, Marignan !
Ont commencé notre nouvelle histoire ;
Ajoutons-y notre entrée à Milan.

N... O, (*) comment, deux lettres pour le même !
Haine au tyran... trois mots pour son renom !
Un N, tout seul, chez nous est un emblème
Toute une histoire, on lit : Napoléon !

La lettre P, digne et vaillante lettre,
Qui nous fit faire, un jour, à Palestro,
Un coup d'essai qui fut un coup de maître,
Car nous marchions à la gloire au grand trot.

Après le P, l'initiale indécente,
Qui vient derrière, est, j'en suis convaincu,
Le bataillon de troupe intéressante,
Que sans cartouche on jeta sur le... dos.

Solferino voit briller le courage
Des deux partis, et bien qu'il ait bon R,
L'ennemi sait applaudir au courage
De nos soldats qu'il éprouve au grand air.

* Haynau, général autrichien.

T, dit : Turco, Tape dur... il s'en charge
Et n'attend pas, ramplan, Tambour battant,
Qu'à nos Tapins on ordonne la charge...
V, c'est Victoire et Vaincre en combattant !

L'X et l'Y grec, servent de pseudonymes,
Aux rapporteurs de maint et maint haut fait,
Aux serviteurs, aux z'héros magnanimes
Qui ne sont pas sûrs de ce qu'ils ont fait.

Le Z, enfin, nous montre les Zouaves,
Lions du jour, nos acteurs à succès :
Ils ont l'honneur de rimer avec braves
Et par-dessus, celui d'être Français !

BLONDINE
HISTORIETTE

Air : *Ma foi, tant pis !* (E. Delisle).

Gentille chevrière,
Un jour, sur son chemin,
Ramassa l'aumônière
Du seigneur châtelain.
Dans la riche aumônière
Étaient vingt écus d'or ;
Pour la pauvre bergère,
C'était tout un trésor.

— « L'or qui te rend si fière,
Hélas ! n'est pas à toi :
Gentille chevrière,
Reporte-le, crois-moi...
    Crois-moi. »

Blondine était coquette,
Et sans cesse rêvait
Bijoux, riche toilette,
Que son cœur enviait !

Un bon ange, sans doute,
Pour combler tous ses vœux,
Avait mis sur sa route
Ce butin précieux...

— « L'or qui te rend si fière,
Hélas ! n'est pas à toi :
Gentille chevrière,
Reporte-le, crois-moi,
    Crois-moi. »

Et l'enfant dans sa joie,
En comptant son trésor,
Voyait robes de soie,
Montre et bracelets d'or !
Lorsque la voix bien tendre,
Qui lui parlait d'honneur,
Se fit soudain entendre
Dans le fond de son cœur.

— L'or qui te rend si fière,
Hélas ! n'est pas à toi :
Gentille chevrière,
Reporte-le, crois-moi,
    Crois-moi. »

La pauvre Blondinette,
N'écoutant que l'honneur,
Sans regrets, en cachette,
Rendit tout au seigneur,
Qui lui dit d'un air tendre :
Blondine, à toi mon cœur...
Je t'aime, et veux te rendre
Tes rêves de grandeur.

De ton bonheur, sois fière :
Mes biens, mon cœur, ma foi,
Gentille chevrière,
Aujourd'hui sont à toi ;
    A toi !

L'ENFANT DE LA MONTAGNE
BOLÉRO
Musique nouvelle de Mme **Louise Verteuil**.

Enfant de la montagne,
Je redis chaque jour,
A qui court la campagne,
Mon doux refrain d'amour :
Quel pays vaut l'Espagne
Où j'ai reçu le jour ?
  Ah ! ah !
Où je reçus le jour !

Pour les plaisirs, les sérénades,
Les rendez-vous, les algarades,
Les chansons sous les balcons d'or..
Les doux regards, pendant la messe,
Les aveux, qu'avec sa maîtresse,
On échange au Confiteor. (*bis.*)
 Enfant, etc.

Pays charmant pour les conquêtes,
Où les femmes sont peu coquettes ;
Où les regards disent d'oser...
Où, bravant couvents et bastilles,
On sait forcer verrous et grilles,
On sait mourir pour un baiser ! (*bis.*)
 Enfant, etc.

Pour les amours, les estocades,
Les duels, au nez des alcades,
Que souvent on rencontre gris ;
Pour les rêveurs, pour les poëtes,
Les concerts, les bals et les fêtes,
Il n'est pas de plus beau pays. (*bis.*)

 Enfant de la montagne,
 Je redis chaque jour,
 A qui court la campagne
 Mon doux refrain d'amour :

Quel pays vaut l'Espagne
Où je reçus le jour?...
Ah ! ah !
Où je reçus le jour !

LA SULTANE FAVORITE
ROMANCE

Air : *Souvenir, tu viens rendre à mon cœur.*

Du sultan qui commande en ces lieux,
    Je suis la souveraine (*bis*).
Cependant, mon cœur est soucieux :
    L'amour jaloux m'enchaîne,
  Ah ! j'avais rêvé mieux !
Que me font et richesse et grandeur?
Ce qu'il faut, ce qu'il faut à mon âme,
Ah!... c'est un cœur qui réponde à ma flamme;
    C'est un cœur pour mon cœur !   (*Bis*).

Certain soir, dans un riant bosquet,
    Un gentil capitaine (*bis*),
Au récit de mes chagrins secrets,
    M'a, pour calmer ma peine,
    Juré qu'il m'adorait.
C'est depuis ce moment de bonheur,
Que mon âme à l'espoir s'abandonne...
Ah!... car je l'aime et je n'ambitionne,
    Que son cœur pour mon cœur.   (*Bis*).

Reine esclave, à quoi sert la beauté ?
    Ma vie est un mélange (*bis*).
De douleur, d'ennui, de volupté...
    Il faut que mon sort change :
    Je veux la liberté !
A t'aimer, je mets tout mon bonheur
Viens à moi, viens, mon beau capitaine...
Ah! fuyons loin de la rive africaine :
    Je te donne mon cœur,
  Ah ! prends mon cœur pour ton cœur ! (*Bis*).

LA FAMILLE

Air : *T'en souviens-tu*, etc.
Ou : *Béranger et l'Académie.*

Beaux Malthusiens, prenez un autre rôle,
Le peuple instruit, maintenant y voit clair :
Il sait le prix d'une fausse parole
Et discerner un fait d'un conte en l'air.
Aussi, voyez comme son regard brille,
Quand des enfants vous lui faites des loups !
Mes beaux seigneurs, nous voulons la famille
Et du travail pour la nourrir sans vous !

Nous la voulons exempte de misère ;
Et, pour charmer notre pauvre séjour,
Nous voulons voir à l'entour de leur mère
De gais enfants folâtrer tout le jour.
L'essaim joyeux qui rit, chante et babille,
Nous fait trouver le labeur bien plus doux :
Voilà pourquoi nous voulons la famille
Et du travail pour l'élever sans vous !

Cette enfant née au sein de l'abondance,
Voit ses travaux se changer en plaisirs;
C'est le dessin, la musique et la danse
Qui chaque jour lui font nouveaux loisirs.
Lire et compter, diriger une aiguille,
De nos enfants sont les principaux goûts :
Voilà pourquoi nous voulons la famille
Et du travail pour l'instruire sans vous !

Quand vous traînez au bras mainte coquette,
Que vous avez couverte de velours,
Vous ignorez que sa figure est faite
Et qu'on ne peut farder les sots discours

Sous l'organdi, l'esprit français petille,
Sous frais bonnet doux regard plaît à tous :
Voilà pourquoi nous voulons la famille,
Et du travail pour la vêtir sans vous !

Vient un moment où la sœur et le frère,
Pris par l'hymen, vont chacun d'un côté,
Pour, à leur tour, devenir père et mère
En augmentant notre postérité.
Quand réunis devant l'âtre qui brille,
Nous avons fait les projets les plus doux :
Mes beaux seigneurs, nous chantons la famille,
Et le travail qui la nourrit sans vous !

SONNET

A UN PATRIOTE DE CIRCONSTANCE.

Vous étiez du bon temps des gros boursicotiers,
Des usines à gaz, des chemins de ferraille ;
Partout, vos prospectus illustraient la muraille,
Et vos premiers-Paris enflammaient les quartiers.

Vous défendiez du roi l'illustre valetaille,
Les maires, les préfets, les juifs, les usuriers ;
On dit que vous mordiez toujours l'un des premiers
A l'énorme gâteau pétri par la canaille.

Février vint. — Le peuple, au roi donnant son sac,
Vous conserva pourtant et droits et priviléges,
Il garda vos maisons, vos châteaux, vos colléges...

Et pendant qu'il mourait, ayant quitté le frac,
Vous grelottiez en blouse au fond de votre cave :
C'était en Février ; — Juin vous vit-il plus brave ?...

LE PETIT SAVOYARD

ROMANCE

Musique nouvelle de V. Robillard.
Ou Air : *Paris s'en va.*

Je suis enfant de la Savoie,
Je chante au milieu des beaux jours ;
Mangeant le pain que Dieu m'envoie,
Aux passants, je souris toujours.

Si des pleurs mouillent mon visage,
J'ai bien soin de les essuyer.
Je laisse passer ce nuage
Et je reviens vous égayer.
Je dis : « Méprise ta misère,
Va chanter au plaisir de tous ;
Bientôt, tu reverras ta mère,
Et cela te sera bien doux ! »
   Je suis enfant, etc.

Aux riches, je ne porte envie ;
Quand je suis content et joyeux,
J'aperçois la mélancolie
Ombrageant leur front soucieux.
Eh ! qu'ai-je à faire de richesses ?
J'ai ma mandoline et mon chien :
J'ai des chansons, j'ai des caresses...
Je méprise tout autre bien.
   Je suis enfant, etc.

Puis, sur mes montagnes de neige,
Ma mère m'attend en pleurant ;
Pour de vaines grandeurs, pourrais-je
Oublier un bonheur si grand?...
Oh! non, je préfère ma mère,
Le beau clocher de mon hameau :
J'aime mieux le pré solitaire,
Où Rose mène son troupeau.

Je suis enfant de la Savoie,
Je chante au milieu des beaux jours ;
Mangeant le pain que Dieu m'envoie...
Aux passants, je souris toujours !

TE DEUM
DU
PÈRE DUCHÊNE

Air : *Cadet Roussel est bon enfant.*

Le Pèr' Duchêne a reparu ;
J'entends dire qui l'aurait cru !
Parce qu'il parlait un peu cru.
Devait-on le manger tout cru ?
C'est que le vieux n'a pas l'entorse ;
Mais que faire contre la force?...
    Ah! ah! ah! mais vraiment,
Le pèr' Duchêne est bon enfant!

Chacun s'alarmait sans raison
Sur le sort du bon vieux grison.
Il est vrai qu'il est en prison;
Mais il reverra sa maison.
De salut il a p'us d'une ancre
Car il n'a pas jeté son encre...
   Ah! ah! ah! mais vraiment,
Le pèr' Duchêne, est bon enfant!

Il reverra ses bons lecteurs,
Et tout son peuple de crieurs;
Son concierge et ses rédacteurs,
De plaisir verseront des pleurs.
Ses gens, dans leurs mains citoyennes,
Diront, tout en pressant les siennes :
   Ah! ah! ah! mais vraiment,
Le pèr' Duchêne est bon enfant!

Emu, troublé, la larme à l'œil,
A ses voisins qui portaient l'deuil,
Il pourra dire avec orgueil :
Si j'revois la rue Montorgueil,
C'est que mon âme est aussi blanche
Qu'un petit bouquet de pervenche....
   Ah! ah! ah! mais vraiment,
Le pèr' Duchêne est bon enfant!

Pour avoir dit la vérité
Du sort il est bien maltraité;
Mais, malgré sa captivité,
D'écrire, il a la liberté.
Il va relancer ses colères
A quatre-vingt mille exemplaires...
   Ah! ah! ah! mais vraiment,
Le pèr' Duchêne est bon enfant!

C'est au fort de Noisy-le-Sec
Qu'on a mis le brave au pain sec ;
Loin de se plaindre de l'échec,
Le franc Jacobin fait son bec,
Et de sa noire casemate
Il bénit la patrie ingrate...
    Ah ! ah ! ah ! mais vraiment,
Le pèr' Duchêne est bon enfant !

O vous, qui levez l'interdit
Qui pesait sur le vieux maudit,
Écoutez bien ce qu'on vous dit,
Et faites-en votre profit :
Il reconnaîtra ce service
Et vous direz avec justice :
    Ah ! ah ! ah ! mais vraiment,
Le pèr' Duchêne est bon enfant !

Composez un petit canard,
Il l'insérera sans retard ;
C'est tout ce qu'il peut faire, car
Il est pauvre, et n'a pas le quart
Du cautionnement qu'on impose
A tout journal noir, blanc ou rose...
    Ah ! ah ! ah ! mais vraiment,
Le pèr' Duchêne est bon enfant !

Le pèr' Duchên' ne mourra pas ;
Il a des amis ici-bas,
Qui, de gros sous faisant un tas,
Viendront le tirer d'embarras.
Avec le son du prolétaire,
On pourrait cautionner la terre !...
    Ah ! ah ! ah ! oui vraiment,
Le père Duchêne est bon enfant !   Juillet 1848.

LE FIGARO NORMAND

CHANSONNETTE COMIQUE

Musique de **Victor Robillard**.

La musique se trouve chez CARTEREAU, éditeur
rue de la Monnaie, 2.

REFRAIN.

Je suis l'Figaro d'la ville
De la ville et d'zalentours ;
Faites place à l'homme utile,
A qui chacun a recours.
    Car, sans mystère,
    Je pouvons faire,
    Oui, sans mystère,
    J'pouvons faire
Tous les métiers *ad libitum*.
Et d'cheu nous j'somm's le factotum.

C'est mé qui ras', monsieurr' le maire,
Mé qui frise ses faux toupets.
Je fais la queue au gros notaire,
A sa femm' des bandeaux épais.
Les clients prisent ma science,
Et j'ons ouï dire aux moins causeurs,
Qu'ils me devient leur patience,
Et qu' j'étions le coq des *raseurs*.

(*Parlé.*) C'est y pas ben flatteur, tout de même, hein ?... Ah ! le fait est que j'vous rase, j'vous rase... avec une *destéritais*... à deux tranchants. Dieu merci, eune barbe ed d'trois semaines ne m'effarouche point. Zigne ! ça tumbe comme l'foin sous la faulx. Demandais plutôt à ceux-là qui ont passais sous la *coupe* d'mon rasoir ; y vous diront qu'j'ons l'*fil*... de la conversation, et que j'en ons rasais plus d'un... à la cueillère et au pouce et au *crachoir* et à la cuvette. Aussi, quand j'vous tiens une pratique par le bout du nez ou par la pointe des cheveux, alle ne s'en plaint pas, car je lui raconte d'z'histoires, en veux-tu en v'là, pour lui faire passais le temps. Je parle, je parle... je rase, je rase... et j'vous fais comme ça mes quinze barbes à l'heure. Aussi, pour la *barbe*, on fait la queue, et j' n'avons qu'à criais : A qui l'tour ?

   Je suis, etc.

  Comm' Dimanch' seul'ment va l'rasage,
  Les aut's jours, dans tous les quartiers,
  Je sais me procurais d'l'ouvrage,
  Car je connais plus d'vingt métiers.
  J'suis frotteur et j'pos' les affiches,
  J'aid' à gauler les fruits nouveaux.
  J'coup' les chats, je tonds les caniches,
  Je saigne et fais le poil des ch'vaux.

(*Parlé.*) Dam, c'est que suis l'un peu varterinaire aussi. Interrogeais plutôt la mère Chaudémouche, de qui j'soigne l'bétail. En v'là z'une qui connaît mein coup de lancette !... Quand je n'suis pas en train pour biblottais, j'reste cheux moi : ma maison devient une agence, et ma boutique un bureau de rédaction. C'est mé qui suis l'anterprète-jurais des amours de la garnison. J'fais de la *pouèsie* pour les fêtes d'famille et les noces. Tenez, v'là z'un couplet qu'a fait fureur à la noce de Fanchette ; c'est elle qui parle : (*Il récite ou chante faux sur l'air :* Avez-vous dans Barcelone...)

VOIX DE FEMME.

« Le voilà donc, celui que j'aime ?
« Celui qui m'aime, le voilà donc !
« Pour aimer, j'étions toute seule... (*bis*).
« Mais; désormais, je serons *deusse*.

A quoi le mariais répond :

VOIX D'HOMME.

« La voilà donc celle que j'âme ?
« Qui m'âme aussi, la voilà donc !
« Pour m'aimer, j'étions tout seul... (*bis*).
« Mais bientôt nous serons *troiss*.

C'est-y galamment troussais, ça, hein ?... Oh ! mais, c'est que j'sons point gênais non plus pour vous faire des *rébuts*, des locaux-griffes, des anagrammes et des centigrammes ! Je vous abats un quouatrain en deux vers de quinze ou vingt pieds, selon la générositais des amateurs, et... c'est bientôt bâclais ! Tenez, supposais qu'vous en voulais un pour votr' brune (*Récitant comme s'il était inspiré*) :

« Viens avec moi, ma belle brune,
« Et je te ferai voir la lune. »

Après ça y peut s'trouvais, que votr'*brune* soit une *blonde;* alors, je dis :

« Viens avec moi, ma belle blonde,
« Et tu verras la mappemonde. »

J'espère que ça ne rime point pour la frime, hein! ça *abonde* comme l'*onde* vaporeuse, la *sonde* curieuse et la *ronde* capricieuse. Eh ben ! avec ma pouësie, mé qui fais des mariages, j'ai jamais pu faire le mien... J'suis tombais une fois dans la *mer*... oui, dans la mère Badouillard,... une belle *grise* qui me repassais mes chemises; si ben qu'il en a résultais une petite fille qui, à son tour, vient de tombais dans un escalier. Sans doute que queuque mauvais sujet l'aura poussais. Le fait est, qu'elle est si mal tombais, qu'elle a t'à se reprochais... autr'chose qu'une petitesse. Faudra encore que j'arrange ça!

Je suis, etc.

Bref, chacun préfèr'ma boutique
Aux salons des plus grands coiffeurs,
Et c'est, grâce à ma rhétorique,
Que j'sais m'attirais les faveurs.
En ville, j'ons plus d'un' comtesse
Que j'coiff'd'après le vrai bon ton;
Et toute la mâle jeunesse,
Me fait raffraîchir son menton.

(*Parlé.*) V'là ce qui fait l'désespoir du père Bazile,... un méchant perruquier, qu'a l'été portier de collége, et qui prétend en savoir plus qu'moi (*colère*), oui!... sur le compte des autres..., pour dire à tout l'monde du mal de tout l'monde! Aussi, on n'peut point l'voir. Moi, au contraire, je suis reçu partout... Quand Messieurs et Mesdames les comédiens arrivent, qui est-ce qui va les recevoir?... FIGARO! Qui est-ce qui leur trouve des logements?... FIGARO!... Qui est-ce qui les pilote partout, annonce leur arrivais et les fait mousser gros comme eux? FIGARO! toujours FIGARO?... Au théâtre, on n'peut point s'passais de mé, j'suis partout : Coiffeur d'abord, chef d'accessoires, machiniste, lampiste et sous-régisseur, Figaro— ci! — Figaro, là, voilà!... J'fais l'tonnerre, la pluie et le beau temps (*il déclame*):

« Faut-il, qu'en un ciel noir, la lune au loin figure?
« Vot' sarviteur est là pour montrer sa figure. »

Mais ce n'est point tout : et les bouquets, les billets doux! les *bravo-bis* et les rappels!... à qui tout ça est y confiais? A Figaro, parbleu! au *Mercure galant* de la localitais... Et voilà pourquoi l'père Bazile a la fièvre au point de m'débinais partout. Y dit comme ça que j'sons point gas normand, que j'suis venu du temps des Cosaques! Oh! tu vas me l'payais! Concevez-vous mé qui suis d'la *bouille!*... qu'il prenne garde à lui! Je lui ons dit comme ça : Tu vois ces pieds là? regarde ben ces bras-là... et puis souviens-toi que j'n'avons que trente-six ans, que j'sommes fort et adroit... et que j'ons sarvi *quinze ans* dans les TURCOS! (*riant bêtement*); oh! ah! Alle est forte, celle-là! aussi, y n'dit plus rien, car il a trop peur de ma baïonnette!

Je suis, etc.

LA SOUPE AUX CHOUX

CHANSON

Air : *Les anguilles et les jeunes filles* (Mazaniello).

J'aime un regard, un doux sourire ;
J'aime une tranche de pâté ;
J'aime Lisette, qui m'inspire ;
J'aime aussi le rognon sauté.
Que faut-il pour me satisfaire ?
Car, on le voit, j'ai bien des goûts ;
Ce qu'à tout pourtant je préfère,
C'est, croyez-moi, la soupe aux choux.

Lundi, je promenais Adèle,
Et comme nous allions dîner,
L'appétit m' fit faire à la belle
Réponse qui dut l'étonner.
Ell' disait : M'aim's-tu sans partage ?...
J'répondis à ces mots si doux,
Croyant qu'elle demandait l'potage :
Moi, j'aime mieux la soupe aux choux.

L'amour, souvent, on peut le croire,
Me perce de son trait vainqueur ;
Mais Comus fait manger et boire,
Et mon estomac fait mon cœur.
De la belle que je caresse,
Un baiser me semble bien doux...
Mais, au baiser de ma maîtresse,
Je préfère la soupe aux choux.

Ma voisine, aux cheveux d'ébène,
Très-souvent me trouve galant,
Et m'fait manger, assiette pleine,
De la soupe que j'aime tant.
Par sa cuisine elle m'amorce,
Ell' sait si bien flatter mes goûts,
Que craignant de prendre une entorse,
Je préfère la soupe aux choux.

Gourmands, vous qui croyez bien vivre,
Aux choux, vous mangez des perdrix ;
Ça cuit dans des cass'rol's de cuivre,
Ah ! redoutez le vert-de-gris.
Ma soupe, et c'est un grand mérite,
Ne peut craindre de pareils coups ;
Elle se fait dans la marmite...,
Moi, j'aime mieux la soupe aux choux.

Messieurs, si de ma chansonnette,
Je vous forçais d'être amateurs ;
En assurant qu'elle est mieux faite
Que certaines de vieux auteurs.
De moi, vous auriez droit de rire,
Pourtant je compte un peu sur vous ;
Ah ! pour ne pas me contredire,
Aimez un peu la soupe aux choux.

LE CAPIAU CREVÉ

Chansonnette normande

Air du *Coutiau du p'tit Jobin* (V. Robillard).

REFRAIN.

J'ons crevé man capiau
Qui faisait qu'à mon âge,
On me trouvait si biau,
Que, partout, dans l' village,
  On d'sait : Nicolas
    Peut fair' les beaux bras,
    Y doit vivre d' ses rentes ;
    Qu' j'avions héritais
    Des propriétais
D'un' de mes vieill's parentes.
J'ons crevé man capiau.
    Oh ! oh ! oh ! oh !

C'était l'capiau de mon grand-père ;
Papa l'avait fait retapais
  Pour s'mariais ;
On l'avait r'tapais pour man frère,
Y a z'évu cinq ans l'mois dernier,
  Et, l'premier,
J'pourrons point profitais d' l'aubaine :
    Cet hiver ;
  C'était ben la peine
D'y donner un coup d'fer.
  J'ons crevé, etc.

Qu'est-c'que j'men vas donc mettre à Pâques
Avec mon pantalon d'Nankin ?
  Cré coquin !
La veste d'drap dont mon frèr' Jacques
M'a gratifié pour me fair' biau.
  Sans capiau ?
On n'est point aveu z'un' casquette
  De bon ton ;
 Faut-y donc que j'mette
 Un bonnet de coton ?
  J'ons crevé, etc.

Que va dire la p'tit' meunière ?
Ell' qui me trouvait si joli,
  Si poli !
De m'connaître elle était ben fière.
La voyant, j'ôtais aussitôt
  Man capiau.
Moi, qui ne pouvais dans la rue
  Faire un pas
 Sans qu'ell' me salue
 Du nom d'beau Nicolas.
  J'ons crevé, etc.

Maint'nant que me v'la *va-nu-tête*,
J' n'aurons plus un sou de crédit
  Au débit ;
Au bal, je serons comme un' bête,
Adieu, la dans', la mazourka,
  La poulka !
J'peux plus mêm' répond' d'un pot d'bière,
  D'un gatiau...
 Car on n'peut pas m' faire
 Crédit sur man capiau.
  J'ons crevé, etc.

LE MESSAGE DE LA CAPTIVE

ORIENTALE

Musique de **V. Robillard.**

Ma colombe légère,
Gentille messagère
De mes tristes amours,
Je veux, comme toujours,
Confier à ton zèle
Les secrets de mon cœur :
Emporte sous ton aile,
Ma vie et mon bonheur !

Oiseau chéri, franchis l'espace !
Le ciel est pur, l'air embaumé ;
Pars et rapporte-moi, de grâce,
Un doux mot de mon bien-aimé.

Dis-lui, sur l'autre rive,
Que sa Fatmé captive,
Languit sous les verrous
Près d'un tyran jaloux.
Qu'une seule espérance
Vient calmer son ennui :
Celle de voir la France
Et d'y vivre avec lui.
Oiseau chéri, franchis l'espace, etc.

Dis-lui que ma pensée,
De mon âme oppressée
S'échappant jour et nuit,
Vole au-devant de lui ;
Dis-lui, s'il est fidèle,
Comme j'en ai l'espoir,
Que Fatmé toujours belle
L'attendra demain soir.
Oiseau chéri, etc.

(*Ad libitum.*)

L'oiseau franchit l'espace...
Tout à coup, ô disgrâce !
Atteint d'un fer maudit,
Il s'abat, il périt.
Fatmé, pauvre captive,
Espère, mais en vain,
Que ton amant arrive,
Tu pleureras demain.

Ton messager a dans l'espace,
Trouvé la mort, pauvre Fatmé !
Le sultan te fera-t-il grâce
De l'amour de ton bien-aimé ?

A LA LIBERTÉ DE LA PRESSE

ORAISON FUNÈBRE

Air : *Moi, je flâne.*

Pauvre presse,
Qu'on oppresse
Et persécute sans cesse ;
La loi, rigide maîtresse,
Prend
Timbre et cautionnement.

Qui se serait attendu
Que le bon droit de critique,
En deux ans de République,
Serait à jamais perdu ?...
A tout, on trouve à redire ;
On musèle les journaux,
Bref, on ne peut plus écrire,
Sans risquer d'avoir des mots...
Pauvre presse, etc.

Ces fabricants de canards
Qui se faisaient écarlates,
Ces *plumitifs acrobates*,
Qui commettaient tant *d'écarts*,
Sont causes de la mesure
Qu'on ose prendre aujourd'hui
Envers la littérature,
Qui n'a que toi pour appui.
  Pauvre presse, etc.

De son mince capital,
Chaque jour, le prolétaire
Retranchait pour se distraire,
Le prix d'un petit journal.
Le décret qui vient d'éclore
Lui porte un terrible coup :
Où trouvera-t-il encore
La LIBERTÉ... pour un sou?...
  Pauvre presse, etc.

On nous dit que l'on verra
Bien moins de feuilles mauvaises,
L'imprimeur de ces fadaises,
Rien, plus rien, ne gagnera.
Quoi! lorsqu'ils prenaient courage,
Et travaillaient presque tous
Mille ouvriers, sans ouvrage,
Viendront redire avec nous :
  Pauvre presse, etc.

A quoi bon nous gendarmer
Et nous montrer indociles ?
Ce décret, des moins utiles,
Ne doit pas nous alarmer.
Petits, moyens et grands hommes,
Journaux plus ou moins titrés,
Depuis longtemps, *fous*, nous sommes
Et devions être *timbrés*.
  Pauvre presse, etc.   Août 1848.

JE T'AIME ENCORE

LAMENTO
Musique de feu Ch. Bellet.

La musique se trouve chez LE BAILLY, éditeur
rue Cardinale, 6.

Quand tu quittais ta mère,
Pour l'élu de ton cœur,
Avec toi, peine amère,
S'enfuyait mon bonheur !
Oui, le mal que j'endure,
Causé par ton parjure,
Loin de me rendre fort
A rouvert ma blessure...
    Je t'aime encor !... (*Bis.*)

Un jour, bonheur suprême !
Assise auprès de moi,
Tu me disais : Je t'aime
Et n'aimerai que toi !
Hélas ! ce doux mensonge,
N'était pourtant qu'un songe,
Un joli rêve d'or...
Que ma douleur prolonge !
    Je t'aime encor ! (*Bis.*)

Sur la terre étrangère,
Je vais, portant mes pas,
Chercher en volontaire
L'oubli dans les combats !
Et si le ciel me donne,
Lorsque tout m'abandonne,
Ou la gloire ou la mort...
Adieu, je te pardonne :
    Je t'aime encor ! (*Bis.*)

Paris. **Le Bailly**, libraire-éditeur, rue Cardinale, 6, près la rue de Buci, faubourg Saint-Germain.

LE GRAND
PETIT POUCET

TOUR DE MAROTTE EN 34 COUPLETS

SUR UN CONTE DE PERRAULT

Air : *Il était un p'tit homme.*

Il était un p'tit homme,
Si p'tit, qu'on l'appelait :
   P'tit Poucet.
Or vous allez voir comme
Il avait de l'esprit,
   Ce petit :
Il devinait tout,
Il prévoyait tout,
  Ah! quel gaillard c'était
Que ce p'tit Pou (*bis*), que ce petit Poucet.

Air *du Curé de Pompone.*

Le père de notre héros
Etait dans la misère ;
Le produit net de ses travaux
N'offrait que maigre chère.
Comment faire, hélas! pour fournir
  Au loyer d'sa cabane,
Avec sept enfants à nourrir...
  Lui, sa femme et... son âne?

Air *du Roi d'Yvetot.*

Il conçut alors un projet
　Qu'il soumit à la mère...
C'était d'perdre dans la forêt
　Poucet et ses six frères.
Mais le p'tit Poucet qu'était là,
A part lui, se disait comm'ça :
　　Oui-da,
Oh ! oh ! oh ! oh ! ah ! ah ! ah ! ah !
L' joli projet qu' papa tient là, là là.

Air : *Sur l'air du tralala.*

L' bûch'ron au point du jour éveille ses marmots,
Pour aller avec lui dans l' bois fair' des fagots ;
Il leur donne à chacun un morceau de pain bis,
Et leur partage en sept... un' botte de radis.
　　Sur l'air du tralala, etc. (*Bis.*)

Ce repas copieux eut lieu d' les étonner ;
Jamais ils n'avaient fait un si bon déjeuner.
Ne se doutant de rien, tous gais comme pinson,
Ils partent en chantant leur joyeuse chanson
　　Sur l'air du tralala, etc. (*Bis.*)

Air : *Larifla fla fla.*

Mais le petit Poucet,
　Qui connaissait l' secret,
　Tout le long du chemin
　Avait semé son pain,
Disant : Quand papa chez lui rentrera,
　Surpris, il dira :
　Larifla fla fla. (*Ter*).

Air : *Bon voyage, monsieur Dumolet.*

Puisque nous voici dans le bois,
Montrons du cœur, du courage
　　A l'ouvrage,
Ce n'est pas la première fois
Qu'avec du fer nous avons fait du bois.

Pendant qu' ses fils entamaient un gros chêne,
Le bûcheron profitant de l'instant...
Sans être vu, se sauva... non sans peine,
Et les enfants disaient, en travaillant :

Air : *Connu, connu, mon père.*

Qu'est devenu not' père,
Est-il chez notre mère?
Ou bien a-t-il des loups
Eté croqué près de nous?

Air : *Tenez, moi, je suis un bonhomme.*

—Moi qui suis malin comme un diable,
Leur répond le petit Poucet ;
Hier, je m' suis glissé sous la table,
Afin d' surprendre un grand secret.
Voilà pourquoi, coûte que coûte,
C' matin je déchirais mon pain ;
Je l'ai semé tout l' long d' la route,   } *(Bis.)*
Ça nous f'ra r'trouver not' chemin.

Air : *Troula, la.*

Nos marmots cherchent partout,
Et ne trouvent rien du tout.
Le pain qu' Poucet avait j'té
Les moineaux l'avaient becq'té.
    Troula la (*bis*), etc.

Air : *du Bâilleur éternel.*

Ah ! ah ! ah ! ah ! ah ! ah !
    Comment faire, hélas !
Pour retrouver nos père et mère?
Ah ! ah ! ah ! ah ! ah ! ah !

Comment faire, hélas!
Pour sortir de ce mauvais pas.
Voyant leur douleur amère,
P'tit Poucet, sans s'effrayer,
Grimpe sur un peuplier.
Pendant qu'ils étaient à faire...
  Ah! ah! ah! etc.

  Air : *Messieurs les Étudiants.*

— De si haut, c'est certain,
Tu dois voir, petit frère,
Quelque chos' dans l' lointain ?
— Oui, j' vois une lumière...
  Là-bas, là-bas,
Dirigeons-y nos pas.
Eh! you, piou, piou, trala la la la (*4 fois*).

  Air : *Au clair de la lune.*

Au clair de la lune
Les enfants marchaient ;
Bientôt ils s' trouvèrent
Près d'un' grand' maison.
D'avoir un asile,
Qu'ils étaient heureux !...
Poucet de la porte
Saisit le marteau.

  Air : *Pan, pan, est-ce ma brune ?*

Pan, pan, — à notre porte, —
Pan, pan, — qui frappe ainsi ?
— Nous frappons de la sorte —
Pour qu'on nous ouvre ici.
— Chez nous qui vous fait donc venir ?
Leur crie une vieille édentée.
D' cett' maison, quand on a l'entrée,
On n'en peut plus jamais sortir.
  Pan, pan, etc.

Air : *V'là c' que c'est qu' d'aller au bois*

Ah! mes pauvres petits enfants,
Que vous êtes tous imprudents...
Vous comptiez, quittant votre père,
   Faire ici bonn' chère ;
   Et loin d' vous satisfaire,
L'Ogre n' f'ra de vous qu'un coup d' dents
N' fallait pas vous mettr' *dedans.*

    Air : *Et zic et zoc,* etc.

On frappe... un coup, deux coups, trois coups.
L'ogresse en tirant les verrous!
   Leur dit : — Vite, cachez-vous,
   Car il va vous manger tous.
Sous le lit et sous les tables
Se fourrent les pauvres diables,
N'osant même respirer.
L'ogresse, en ouvrant la porte,
Etait pâle comme un' morte ;
Car on ontendait jurer :
— Ah! sacrebleu! ah! ventrebleu!
De pousser je suis tout en feu ;
Ouvre la porte... ou morbleu!
Tu ne verras pas beau jeu.

   Air : *Daignez m'épargner le reste.*

L'ogre prenant sa grosse voix,
Se met à bougonner sa femme ;
Les sept moutards, pour cette fois,
Crurent qu'ils allaient rendre l'âme.
La frayeur si fort les surprit,
Que, n'osant risquer l' moindre geste,
Dans sa culotte chacun fit... (*bis*)
Ah! daignez m'épargner le reste.

Air : *La bonne aventure, ô gué!*
L'ogre dit : — La bonne odeur!
   Ça sent la chair fraîche!
La femme dit : — Quelle erreur! —
  — Ça sent la chair fraîche!
— Ton odorat est changé...
  Car ton nez a mal jugé. —
— Ça sent la chair fraîche, ô gué.
   Ça sent la chair fraîche ! —

Air : *C'est la mèr' Michel.*
Le goulu d' chair fraîche avait grand appétit ;
Sans plus tarder il va chercher dessous le lit :
Il en tire un par un les fils du bûcheron,
Lesquels, en le voyant, disent pour tout de bon :

Air : *Ah! c' cadet-là, quelle tête il a.*
Ah ! c't' ogre-là, quell' gueule il a !...
Ah ! c't' ogre-là, qu'ell' bouche !...
D'un coup d' dent il nous croquera...
   Voyez quel air farouche !
   Quell' bouche ! (*ter*).

Air : *Mon père était pot.*
Puisque d'main je donne à dîner
A sept ou huit confrères,
J'aurai, les faisant assaisonner,
Sept plats extraordinaires :
Deux aux champignons,
Deux aux p'tits oignons,
L' repas s'ra sans reproche ;
   Et pour en finir,
   On fera rôtir
Les autres à la broche.

Air : *A la façon de Barbari.*
Il appelle ses marmitons
Et son chef de cuisine,
Il leur dit : D' chacun d' ces garçons
Fait's un plat qu'ait bonn' mine.

Montrant Poucet, notre glouton,
La faridondaine, la faridondon,
Dit : Tu m'arrang'ras celui-ci, biribi,
A la façon de Barbari, mon ami.

Air *de l'Écu de six francs.*

L'ogre était, dans l' siècle où nous sommes,
Connu pour le roi des gourmands :
    A force de manger les hommes,
    Il avait usé tout's ses dents.
Mais ce qu'ignoraient les enfants,
C'est qu'il s'était, suivant la mode,
Fait faire un ratelier d' grand prix,
Au Palais-Royal, à Paris,   } *(Bis.)*
Chez le fameux Désirabode.

Air *du Trala la la.*

    A table, à table, à table ;
    Dit-il de sa gross' voix ;
    Ce repas délectable,
    Vous f'ra du bien, je crois.
Avant de vous coucher, n' pas manger s'rait un tort,
Et vous boirez un peu pour oublier vot' sort.
    Sur l'air, etc.

Air *de la Petite Margot* ou *du Sou.*

Pendant l' dîner, Poucet r'marqua qu' les filles
De c' goulu d'ogre étaient bell's à croquer :
Il leur avoua qu'ils les trouvaient gentilles...
Ell's répondir'nt qu'ils étaient à r'marquer.

A cet effet, on mit un bonnet rouge
A chaq' garçon avant d'aller dormir...
Et p'tit Poucet, qui n'était pas d' Montrouge,
Dit : J' trouv'rai bien le moyen de partir.

Oyant, la nuit, ronfler les jeun's ogresses,
Il les coiffa, pendant leur doux sommeil,
Des bonnets roug's... puis riant d' cett' prouesse,
Tous décampaient au lever du soleil.

Il était temps ! — L'ogre aidé d' sa mégère,
Tout empressé d' préparer le rata,
Sur ses enfants v'nait brandir sa rapière,
Pour d'un seul coup faire un' chipolata.

L'ogress' soudain, qui tombe en défaillance,
Lui fait savoir que Poucet l'a joué.
— Corbleu ! morbleu ! ce trait-là cri' vengeance !
Honte et malheur ! les brigands m'ont floué !

Air *de Cadet Roussel*.

Il prend sa toque à plumes bleues,   } (*Bis*.)
Et met ses bottes de sept lieues,
Disant : — Si là-bas j' les retrouve,
Il faudra bien que je leur prouve,
   Ah ! ah ! ah ! mais vraiment
Que je ne suis pas bon enfant !

Air : *Garde à vous*.

Cachons-nous (*bis*), l'ogre vient par derrière,
   A travers la poussière,
   Frères, le voyez-vous ?
   Cachons-nous ! (*ter*).
   Ce satané satrape,
   Bien fin s'il nous attrappe !...
   Rions de son courroux.
   Cachons-nous ! (*ter*).

Air *du Larifla*.

Dans le creux d'un rocher,
Ils purent se nicher ;
Il était temps, oui-dà !
Car l'ogre arrivait là.
   Larifla, etc.

Air : *Bonjour, mon ami Vincent*.

L'ogre, couvert de sueur,
Se repose au pied d'un chêne,

Disant : Faut avoir du cœur,
Pour se donner autant d' peine.
Je ferais bien mieux de lir' mon journal,
Ça coûte moins cher et ça fait moins mal.
En lisant l' *Pays*, ce mossieu sans gêne,
Se met à dormir ; avouez qu'il a tort.
Ah ! c'est un peu fort, oui, c'est un peu fort,
Il dort, mais si bien, qu'il a l'air d'un mort.

Air : *Turlurette.*

Pendant ce temps-là, Poucet
De sa cachette sortait,
Et sans craindre les calottes,
   Prit les bottes (*bis*);
D' l'ogre il prit les bottes.

Air : *On dit que je suis sans malice.*

— Je suis né pour lui fair' des queues ;
Je tiens ses bottes de sept lieues ;
Mes frères, attendez-moi là ; —
Puis la chaussure il enfila.
— Je crains qu' mes pieds ne les remplissent...
O bonheur ! ell's se rapetissent.
J' dois avoir l'air d'un élégant ;
Ces bott's-là me vont comme un gant ! } (*Bis.*)

Air : *Tonton, tontaine, tonton.*

Le p'tit Poucet qui n'est pas bête
Va trouver la femm' du glouton,
Tonton, tonton, tontaine, tonton ;
Il lui dit : Votre époux s'embête
D'être en ce moment en prison.
   Tonton, etc.

Trois ou quatre de ses confrères
Jaloux d' son titre et de son nom,
   Tonton, etc.

L'ont attiré dans leurs repaires...
Il m'envoi' chercher sa rançon.
  Tonton, etc.

Croyant son mari dans la peine,
L'ogresse, qui l'aimait, dit-on,
  Tonton, etc.
Donn' sa montr' pour briser sa chaîne,
Avec tout l'or de la maison.
  Tonton, etc.

  Air *du Curé de Pomponne.*

P'tit Poucet quand il eut l'argent,
S'en fut trouver ses frères :
— Réjouissez-vous, dit-il, content,
Car j'ai fait nos affaires.
A la maison plus rien n' manqu'ra,
 J'apporte la richesse...
  Ah ! il m'en souviendra,
   Larira,
 De cette bonne ogresse !

  Air : *Jeunes filles, jeunes garçons.*

Pour en finir, nos sept enfants
Rentrent au lieu de leur naissance,
Ils y vivent dans l'opulence
Avec la bourse des méchants,
Dormant comm' les marmottes,
Laissons notre ogre-là ;
Quand il se réveill'ra ;
Il pourra s' fâcher à
 Propos d' bottes. (*Bis.*)

  Air : *Alleluia.*

J' pourrais terminer en anglais,
En grec, latin, même en français ;
J'aime mieux finir en auvergnat :
  Allélui*gna*.

PIERRE
AU DÉPART

ROMANCE

Air : *Ma place est là-bas* (V. Robillard).

Entendez-vous à la frontière
Le canon, signal du combat ?
Adieu, Marie, au cri de guerre,
Il faut partir, le tambour bat.
Nous allons nous couvrir de gloire,
Et, sur de lâches oppresseurs,
Ayant pris part à la victoire,
Je reviendrai sécher tes pleurs.

    Le devoir m'appelle,
    A sa voix fidèle,
    Je dois quitter celle
    Qui seule a mon cœur !
    Mais le sort j'espère,
    Nous sera prospère...
    Et le pauvre Pierre
    Reviendra vainqueur !

Plus d'un rival, en mon absence,
Voudra me ravir mon trésor ;
Et, pour ébranler ta constance,
A tes yeux fera briller l'or !

Que mon nom soit une barrière
Contre son pouvoir séducteur :
Marie, ô souviens-toi de Pierre,
Sans toi, pour lui, pas de bonheur !

Le devoir, etc.

Un grand peuple que l'on opprime
Veut briser un joug odieux ;
Et notre France, à la victime,
Prête son appui glorieux.
Lorsque, dans notre belle France,
Répondent tous les jeunes cœurs,
Au cri sacré d'indépendance,
Je ne serais pas des vainqueurs !

Le devoir, etc.

— Vaillant soldat, va, sers la France,
Pars, sans crainte pour tes amours ;
Livre ton cœur à l'espérance :
Marie est à toi pour toujours !
Et, chaque jour, de sa chaumière,
Au ciel s'envoleront des vœux,
Pour le héros dont elle est fière
Et nos drapeaux victorieux !

Le devoir t'appelle,
A sa voix fidèle,
Si tu quittes celle
Qui seule a ton cœur ;
Le sort, je l'espère,
Nous sera prospère :
Pars, mon pauvre Pierre,
Tu seras vainqueur !

Paris. **Le Bailly**, éditeur de musique, rue Cardinale, 6
faubourg Saint-Germain.

822. — Paris. Imp. de Ch. Bonnet et Comp., 42, rue Vavin.

LE
VIEUX QUARTIER LATIN

OU

LES ADIEUX D'UN ÉTUDIANT

La Musique se trouve chez ANTONY, *éditeur,*
Rue de Seine, 34.

AIR : *T'en souviens-tu?*

C'en est donc fait, il faut plier bagage
Et dire, hélas! mes adieux à Paris;
Que faire ici?.., j'ai les mœurs d'un autre âge;
Du vieux quartier je suis le seul débris.
Faible rameau d'une tige brisée,
La ranimer... je l'essaierais en vain,
Des gais viveurs, la race est épuisée   } *bis*
Non, il n'est plus, mon vieux quartier latin!

Il est perdu, notre dernier refuge,
De Massenot, le vieil estaminet;
Le rems antique et l'effet rétrofuge
Sont remplacés par le sot lansquenet.

L'étudiant, ferré sur l'étiquette,
A l'opéra se pose en muscadin ;
L'étudiante est aujourd'hui lorette : }*bis*
Non, il n'est plus, mon vieux quartier latin !

Type charmant, ô grisette pimpante,
Au frais minois, dessous un frais bonnet.
Où donc es-tu, gentille étudiante,
Reine autrefois de nos bals sans apprêt?...
Du feu du punch, l'infidèle vestale
Maintenant danse à la cité d'Antin:..
Simple fichu t'allait mieux qu'un beau châle, }*bis*
Quand tu régnais au vieux quartier latin !

Tendre Sophie, au fond de ta campagne,
Quand tu travailles en songeant au Prado,
Le souvenir, gai lutin, t'accompagne
Et te redit les airs de Pilodo.
En fredonnant ces danses, pauvre fille,
Le fil échappe à ta tremblante main...
Ne pleure pas, et reprends ton aiguille, }*bis*
Car il n'est plus le vieux quartier latin !

Honte sur vous ! honte, stupides filles,
Sur vous Clara, Pomaré, Mogador !
Honte sur vous, reines de nos quadrilles,
Qui sous nos toits, dormiez naguère encor !

Vous, que je vois en splendide toilette,
Dans un coupé trônant sur le satin,
M'éclabousser en détournant la tête.... }bis
Pour faire fi du vieux quartier latin !

Ils ont quitté les greniers séculaires,
Par nos aïeux et par nous culottés ;
Réduits obscurs où les noms de nos pères,
Sur les vieux murs sont encore incrustés.
Eux, les péquins, loger dans des baraques !
Il leur fallait le faubourg Saint-Germain ;
Ils m'ont laissé seul au faubourg Saint-Jacques, }bis
A regretter mon vieux quartier latin !

Etudiants, mes amis, soyez sages :
Ne mangez plus vos consignations ;
Car vos parents, par d'indiscrets messages,
Sont au courant de vos inscriptions.
Un suisse intrus par un méchant manège,
Sur la carotte ose porter la main !
Oui, l'on vous traite en gamins de collége. }bis
Pour étouffer le vieux quartier latin !

Mon brûle-*bouche*, à la couleur d'ébène,
Toi, qui vaux mieux que cent panatellas,
De ces mignons, sous ta brûlante haleine,
Défailliraient les faibles estomacs

Cigare aux dents, qu'un de ces faquins vienne
Sur moi jeter un regard trop hautain,
Je te lui f...lanque... ah! morbleu! qu'il apprenne⎫
A respecter le vieux quartier latin!   ⎭ bis

Mon béret rouge, en te voyant paraître,
Plus d'un......... a senti le frisson ;
Je t'agitais, joyeux, sous la fenêtre
De Lamennais, sortant de sa prison ;
En conduisant Laffitte au cimetière,
Je te tenais tristement à la main...
Et l'on t'arrête au seuil de la Chaumière :   ⎫
Non, il n'est plus, mon vieux quartier latin ! ⎭ bis

Si, de mon temps, des chambres corrompues,
Avaient voté l'indemnité Prittchard*,
Dix mille voix, en un cri confondues,
Auraient hué le ministre couard.
Mais, qu'aujourd'hui, gronde la Marseillaise,
On ne saurait en braver le refrain !
Car c'en est fait, la jeunesse française,   ⎫
Est morte avec le vieux quartier latin !   ⎭ bis

---

* En 1842, la reine Pomaré avait cédé à Louis-Philippe la souveraineté des îles Marquises. Mais, grâce aux intrigues de Sir Prittchard, elle ne tarda pas à rompre l'entente cordiale : le pavillon français fut insulté. Le contre-amiral Dupetit-Thouars, commandant alors les forces navales en Océanie, soutint l'honneur du pavillon et prit possession entière des îles de la Société. Cet acte audacieux, qui ne pouvait convenir au ministère d'alors, fut, sur les protestations de l'Angleterre, désavoué en pleine chambre des députés (1843).

Il me souvient, qu'une troupe serrée,
Quand au pays l'un de nous retournait,
L'accompagnait, et, sa veuve éplorée,
Marchait en tête. et jusqu'au soir pleurait.
Puis, chez Moreaux, en lui choquant son verre,
Au vieil ami chacun pressait la main...
Et moi, je prends ma prune en solitaire, }bis.
Pour mes adieux au vieux quartier latin !

J'ai quarante ans... adieu, gentes grisettes,
Gais carabins, artistes chevelus ;
Adieu Prado, Closerie et guinguettes ;
Adieu cancan, que l'on ne danse plus !
Restaurateurs, où l'on boit de l'eau claire,
Gros créanciers, fâcheux réveil'-matin...
Adieu, vous tous, le sort me fait notaire : }bis
Il faut quitter le vieux quartier latin !

Aimez, chantez ; amis, point de tristesse,
Que le plaisir, par vous soit immortel ;
Dans Béranger, puisez votre sagesse,
Dans de beaux yeux, étudiez le ciel !
De vos aînés, suivez le bon exemple,
Chantez ces vers le soir et le matin...
Gais bacheliers, l'avenir vous comtemple ; }bis
Ressuscitez le vieux quartier latin !

DANS UN GRENIER QU'ON EST MAL A VINGT ANS

CHANSON.

Air du *Carnaval de Béranger*.

Je revois donc le taudis d'où la fièvre
M'avait banni pendant tren'e longs jours :
En le quittant je tremblais comme un lièvre,
Croyant, hélas ! en sortir pour toujours.
Mon chat, ma femme espéraient ma présence,
Et mon retour à ces amis constants
Fait oublier les tourments de l'absence..
Dans un grenier qu'on est mal à vingt ans !   (*Bis.*)

Je suis, amis, le petit locataire
D'une *cambuse*, ouverte à tous les vents,
Que par trimestre un gros propriétaire
Me fait, hélas ! payer cinquante francs !
Maître Phébus l'été si fort y donne,
Que, dans son jus, l'on cuit à tous instants ;
L'hiver, malgré le poêle, on y frissonne :
Dans un grenier qu'on est mal à vingt ans !

Quand, par hasard, à l'étroite fenêtre
J'ose me mettre, attiré par des cris
Qui semblent tous faits pour me compromettre...
C'est l' porteur d'eau, le sav'tier, l' *chand d'habits!*

Pour protester mes habits vont quand même,
Je bois du vin, mes souliers font leur temps
Et s'useront à grimper mon sixième :
Dans un grenier qu'on est mal à vingt ans !

Pour contenter les protégés du Code,
J'ai d'abord lit peu solide et bien dur,
Table boiteuse et commode incommode.
Chaises de paille et fauteuil plus que mûr,
Table de nuit qui ne fait pas mystère
De l'abandon où j'ai mis son dedans...
Mes bouquins seuls solderaient l'inventaire :
Dans un grenier qu'on est mal à vingt ans !

S'il vient un temps de discorde civile
Triste et maussade on s'enferme chez soi,
En se disant : Je veux rester tranquille ;
Que les partis se disputent sans moi !
Soudain : Pan, pan !... Ce sont les camarades ;
Il faut, après s'être armé jusqu'aux dents,
Bon gré, mal gré, les suivre... aux barricades :
Dans un grenier qu'on est mal à vingt ans !

Naguère encor, pour fêter notre gloire,
Quelques amis couronnaient mon foyer ;
J'avais rimé plusieurs chants de victoire,
Que l'éditeur venait de me payer !
De nos soldats, tout en faisant bombance,
Nous repassions les exploits éclatants...
Le concierge entre,... armé d'une quittance :
Dans un grenier qu'on est mal à vingt ans !

Pauvres rimeurs, voués à la mansarde,
Pour grelotter, griller et vivre mal,
Notre labeur pour l'avenir nous garde,
Comme à Gilbert, un lit à l'hôpital !
Sortant du mien, quitte envers la souffrance,
Car j'ai payé ma dette pour longtemps,...
Je veux chanter avec reconnaissance :
Dans un grenier qu'on est mal à vingt ans !

LA
FLUIDOMANIE
A PROPOS DE TABLE... TOURNANTE
SCÈNE COMIQUE

Musique de **Victor Robillard**.

La musique se trouve chez CHALLIOT, éditeur
rue Saint-Honoré, 354

Oui je l'ai vu,
De mes yeux vu;
Tout, — c'est entendu...
Tout, maintenant, tourne
Et retourne.
Et je traiterai d'animal,
Oui, je traiterai d'animal,
Qui parl'ra mal
Du *magnotisse... animal !*

L' magnotisse et l' somnambulisse,
C'étaient, pour moi, des rêves creux ;
A ben fallu que j' m'instruisisse :
C'est clair comme un et un font deux.
Tous les journaux m' paraissaient bêtes
Et, je sout'nais, qu'ils étaient nés,
Pour faire, hélas ! *tourner* les têtes
De leurs crédules abonnés.

(*Parlé.*) Moi, d'abord, j'en étais comme une folle et j'aurais fini par perdre la boule... surtout, depuis qu'un monsieur Fluïdor a voulu m'enlever Nonore ma fille unique, sous prétexte qu'elle était *lucide* et qu'il fallait la *magnotiser*. Oh ! brigand ! si je te pardonne, tu peux en remercier mam' Durondeau, va ! car c'est elle qui m'a rendu *témouine* de l'espérience. — Aussi, depuis que nous avons fait tourner en *tous sens* la table ronde, le chapeau, l' sarladier z'et le tremblement, je crois fermement, sincèrement, définitivement... et je crierai partout, ici, ailleurs, chez moi, chez les autres, dans la rue et sur les toits s'il le faut :

    Oui, je l'ai vu, etc.

A Montmartre, de ma fenêtre,
J' voyais tourner plus d'un moulin,
Les aiguill's de mon *thrimomètre*
Et cell's de mon réveil-matin.
C'était, j' n'en dout' pas, la *lectrique*,
Car le fluide existe partout...
Y s' fourr' mêm' dans la mécanique,
Qui, sans lui n' march'rait pas du tout.

(*Parlé.*) V'oui, v'oui, v'oui ! c'est entendu, prouvé z'et reconnu : — Au jour d'aujourd'hui, c'est la *lectricité* qui met tout en mouvement. — Le télégraphe, par exemple, y n' tient qu'à un fil, c'est vrai... mais, c'est un *fil... à lectrique*... La lectricité, tout est là ! — Deux cœurs qui s'adorent, eh bien ! c'est la lectricité qui les attire l'un à l'autre et les enchaîne pour la vie... jusqu'à extinction de *fluide naturel*... c'est tout simple. — Deux hommes qui se battent, c'est encore la lectricité qui les acharne l'un contre l'autre en leur faisant : « Kss !... k-s !... à toi, à moi ! » jusqu'à ce que l'un des deux tombe sous un coup de poing *électrique* qui lui fait voir un million de chandelles... C'est-y clair, ça ?... Voilà comme tout tourne...

    Oui, je l'ai vu, etc.

On nous démontrera, j'espère,
De c' phénomèn', l'utilité ;
Tout, désormais, n'ira sur terre,
Qu'à l'aide de la lectricité.
Car, c'est dans la loi d' la nature :
La terr' tourne, et, par conséquent,
Si nous la suivons, je m' figure,
Que nous ne vivons qu'en tournant.

(*Parlé* :) Il est clair, que moi qui vous parle et vous qui m'écoutez, nous suivons la rotation du globe. Ce qui prouverait, qu'en ce moment-ci, nous avons p't'être la tête en bas et les jambes en l'air ; mais, revenons à nos moutons, ou plutôt, *remettons-nous à table*. (*Au public.*) Personne, dans la société n'a sur lui, une table... Oh ! une simple table à roulettes... Non ?... C'est dommage j'aurais t'été z'enchantée de vous faire voir le *tour*. — Au surplus, je vous certifie et je vous jure que j'ai vu tourner une table et que vous pouvez la faire tourner vous-mêmes. Vous n'avez qu'à vous tenir autour, *assis*... à sept ou à huit, petits doigts sur petits doigts et avoir la ferme volonté. Vous attendrez comme ça, dix minutes, un quart d'heure sans souffler mot et surtout sans vous gratter l'oreille... Si, au bout d'une demi-heure la table ne tourne pas... C'est qu'elle ne voudra pas. — Alors, vous recommencerez... Mais, tenez, quelque chose de ben plus étonnant. — M. *Grandné* avait laissé sa tabactière sur la table... Voilà que pendant la rotation tout le monde se met à éternuer, (*elle éternue bruyamment.*) Apchitt !... (*Gaiement.*) Croiriez-vous que c'te farceuse de table se fiche à sauter sur ses quatre pieds en disant : Dieu vous bénisse !... Hein ! est-elle bonne, celle-là ?... — Avec la volonté, voyez-vous, vous ferez *tourner* des chaises, des sarladiers, des poivrières, des verres, des carafes, des tournebroche, des ch'vaux d' bois, des chapeaux et des mou-

lins n'a café. — Avec la volonté, les enfants *tourne-*
ront... mal ; — les femmes feront *tourner*... leurs
maris et feront un *tour*... de promenade pendant
leur *tour* de faction. Par le fluide, on corrigera les
défauts de nature : Les femmes seront faites *au*
tour, pourront se marier à leur *tour*, sur le *retour* et
se passeront de *tours*, attendu qu'elles auront des
cheveux noirs jusqu'à quatre-vingts ans. — Mais pendant que je bavarde là, v'là ma clef qui *tourne* dans
ma serrure, je me sauve, car mon lait pourrait *tourner*
aussi. (*Fausse sortie.*) Réfléchissez, essayez, réussissez et, quand vous saurez en vérité que la lectricité a
n'un pouvoir illimité, vous serez écrasés, épatés,
ébouriffés, et vous viendrez me féliciter, me répéter
et me chanter :

  Oui, je l'ai vu,
   De mes yeux vu ;
  Tout, — c'est entendu...
  Tout, maintenant, tourne
   Et retourne.
Et, je traiterai d'animal,
Oui, je traiterai d'animal,
  Qui parl'ra mal
 Du *magnotisse*... animal !

LES GRIEFS DU TITRE DE CITOYEN

Air : *Dans un grenier qu'on est bien*, etc. (Béranger.)

 Eh ! quoi ! Messieurs, on veut qu'à la tribune
 En vous parlant je dise : citoyens ?
 Ce titre-là, chez l'engeance commune,
 Est mieux porté que par vous et les miens.
 Le mois dernier, je disais bien encore :
 Bons citoyens ! mais ce n'est plus cela,
 Aujourd'hui j'ai l'écharpe tricolore...
 Je ne veux plus prononcer ce mot-là. (*Bis.*)

J'avais du vin d'un âge vénérable,
Et deux fusils fabriqués par Leroy :
Vint Février, à jamais déplorable
(Pour vous, autant qu'il le sera pour moi).
Un citoyen, riant de mes alarmes,
Dans mon hôtel en maître s'installa ;
Il but mon vin, il emporta mes armes...
Je ne veux plus prononcer ce mot-là (*Bis.*)

L'égalité, chez la gent plébéienne
Se borne... un peu trop indéfiniment.
En s'appelant citoyen, citoyenne,
On se permet aussi le tutoiement.
Je ne suis pas, chez moi, d'humeur jalouse ;
Mais, certain jour, j'ai vu, me trouvant là,
Qu'un citoyen tutoyait mon épouse...
Je ne veux plus prononcer ce mot-là. (*Bis.*)

Sommes-nous donc en l'an quatre-vingt-treize ?
Non, et l'on peut, j'espère, en quarante-huit
Dire : Monsieur ou Madame à son aise,
La liberté ne l'a pas interdit.
Le *citoyen* nuit et jour me lutine ;
En y songeant, je crois par-ci, par-là,
Voir se dresser la rouge guillotine...
Je ne veux plus prononcer ce mot-là. (*Bis.*)

Vos citoyens, enragés démocrates,
Quand nous passons pour eux les jours, les nuits,
Nous vont traiter... de gueux d'aristocrates,
Nous qui voulons le bonheur du pays !
Ils vont enfin trois fois dans la semaine
Semer des bruits sur ceci, sur cela,
Qui font jaser le vieux *Père Duchêne*...
Je ne veux plus prononcer ce mot-là. (*Bis.*)

1848.

Paris. **Le Bailly**, libraire-éditeur, rue Cardinale, 6, près la rue de Buci, faubourg Saint-Germain.

Paris.—Typ. VERT FRERES, 8, r. Pourtour-St-Gervais

ROSE, MARIE ET MARGUERITE
LEQUEL DES TROIS?
ROMANCE

Musique nouvelle de V. Robillard,
Ou air du *Vieux Buveur*.

Dis-moi, charmante petite,
Quel ange te fit présent
De si doux noms qu'on hésite
A choisir le plus charmant?
Le premier fait que l'on pense,
Rose, à la Reine des fleurs;
Les autres de l'innocence
Ont emprunté les couleurs!
Rose, Marie et Marguerite,
Un nom de vierge et deux de fleurs!
Lequel des trois, ô ma petite,
Doit se graver dans les cœurs?

Marie à chacun doit plaire,
Et quel nom me plairait plus?
Je le dis, en ma prière,
A la mère des élus.
C'est le nom de l'orpheline
Qui n'a que moi pour soutien;
En un mot, beauté divine,
Ce nom charmant, c'est le tien.
Rose, Marie et Marguerite, etc.

Marguerite blanche et pure,
C'est l'humble fille des champs,
Qui croît parmi la verdure
Et sert d'oracle aux amants!

Marguerite m'aime-t-elle?
Lui disais-je... — Un peu, beaucoup...
Mais bien souvent la cruelle
M'a répondu : « Pas du tout ! »
Rose, Marie et Marguerite, etc.

Devant l'autel de MARIE,
Plus tard on vit à genoux
ROSE, brillante et fleurie,
Qui disait à son époux :
A toi mon cœur et mon âme,
Mes doux noms et mon amour;
Ici nomme-moi ta femme
Et ne dis plus dès ce jour :
Rose, Marie et Marguerite,
Un nom de vierge et deux de fleurs !
Lequel des trois, ô ma petite,
Doit se graver dans les cœurs?

PARIS EN CARNAVAL

QUADRILLE CHANTANT

Air *du Quadrille Pyrrhique* (Michaeli).

1

APPEL A LA JEUNESSE.

Entendez-vous le signal
Du plaisir qui nous invite?
Vite,
Amis, courons au bal
Pour fêter le carnaval.

On ne saurait dans la vie
Trop se livrer au plaisir;
C'est aux grands jours de folie
Qu'on doit en prendre à loisir.
Entendez-vous, etc.

II

INVOCATION AUX DAMES.

Du joyeux quartier latin,
   Accourez fillettes :
Quittez la cité d'Antin,
   Gentilles lorettes !
Parmi nos gais débardeurs,
   Vous ferez des conquêtes,
A moins qu'ils ne soient vainqueurs
   De vos tendres cœurs.

Violons partez avec fureur,
   Escortez le trombonne ;
   Quand la musique est bonne
   Elle enflamme le cœur.

III

LE CHAMPAGNE.

Que faut-il pour nous dégourdir ?
   C'est du vin de Champagne.
     Son feu nous gagne
     Et le désir
  Nous talonne à loisir.

Tremble pour toi, fillette au fin corsage,
Car le Champagne a vaincu la plus sage.
   Que faut-il, etc.

IV

LES PIERROTS.

Tristes Pierrots à la figure blême,
En carnaval, ne faites pas carême :
   Sautez, dansez,
    Taquinez vos Pierrettes ;
    Près des coquettes,
   Montrez-vous empressés.

Morbleu, de la gaîté !
Par vos chants d'allégresse,
Mêlez à notre ivresse
Votre félicité.

Violons, partez avec fureur,
Escortez le trombonne ;
Quand la musique est bonne
Elle enflamme le cœur.

V

GALOP TRIOMPHAL.

Rendons hommage à Musard,
Car sa musique
Electrique
Nous perce de part en part...
Honneur (bis.) à Musard !

Solo. — Qui cause notre allégresse ?
Echo. — Amis, c'est le carnaval !
— Qui provoque notre ivresse ?
— Amis, c'est le carnaval !
Si nous bouchons nos oreilles
Au *non* très-peu conjugal...
— C'est encor le carnaval !
Si nous cassons les bouteilles
Au milieu du bacchanal...
— C'est toujours le carnaval !

Ce diable de carnaval,
Fait époque dans la vie :
Bonne chère, amour, folie,
Font avec nous carnaval !

Rendons hommage à Musard,
Car sa musique
Electrique
Nous perce de part en part...
Honneur (bis.) à Musard !

PAUVRE GAUDRIOLE

Air: *La bonne aventure, ô gué!*

La chanson est maintenant
  Une rude école ;
La nouveauté d'à-présent
  N'offre rien de drôle.
Avec Piron et Collé
Le flonflon s'est envolé :
  Pauvre gaudriole,
    O gué !
  Pauvre gaudriole !

On ne sait plus égayer,
  Car ta gaîté folle
A fini par effrayer
  La muse frivole.
Béranger s'est retiré,
Chantons un *miserere* :
  Pauvre gaudriole, etc.

Un petit rimeur du jour,
  Dont tu fus l'idole,
Vient, pour nous chanter l'amour,
  Prendre la parole ;
Mais son courage est glacé
Par un bravo... trop forcé :
  Pauvre gaudriole, etc.

Un autre plus aguerri,
  De temps en temps, vole
Un gai morceau de Méry
  Dont chacun raffolle.

Quand il l'a bien retourné,
  Sa muse lui rit au né...
    Pauvre gaudriole, etc.

Dorival plaint son voisin,
  Dont l'épouse est folle,
Tandis qu'avec un cousin
  Sa femme s'isole.
En se voyant remplacé,
De chanter il s'est lassé :
    Pauvre gaudriole, etc.

L'huissier fait couplets grivois,
  Pour la gloriole ;
Entouré de ses exploits,
  Il perd la boussole
Et met sur papier timbré
Ses *chants d'un cœur inspiré :*
    Pauvre gaudriole, etc.

D'puis qu'on chant' les animaux,
  Tout c' qni trotte et vole,
Coqs, serins, rats et chameaux,
  Font notre Pactole.
Les *agneaux* ont rapporté
Plus qu' les *grands bœufs* n'ont coûté...
    Pauvre gaudriole, etc.

Ma chanson qui prend tout *l'air*
  D'une gaudriole,
Fut faite et mise sur *l'air*
  D'une gaudriole ;
Son sujet est pris en *l'air,*
Dites sans en avoir *l'air,*
   Que ma gaudriole
      A *l'air*
   D'une gaudriole !

LE GONDOLIER DE VENISE

SÉRÉNADE

Air : *Gentille Moscovite,*
Ou : *Castillans, avançons sans bruit.*

Dans l'ombre et le mystère,
Glisse, glisse sans bruit,
Ma gondole légère,
A nous, la belle nuit !
De Venise, joyeux enfant,
J'y vis libre et n'ai pas l'envie
De braver d'un œil triomphant
Ce qu'on y permet ou défend.
 A rêver tout le jour,
Je passe heureusement ma vie ;
 La nuit vient à son tour,
Et je m'éveille pour l'amour.
 Tra la la, (*ter.*)
  La !
Dans l'ombre et le mystère,
Glisse, glisse sans bruit,
Ma gondole légère,
A nous, la belle nuit !

Quand Rita va modestement
Offrir ses vœux à la Madone,
Je la vois, et, moi, son amant,
Je lui souris, puis, m'endormant,
 Je songe aux heureux jours,
Aux doux plaisirs qu'elle me donne ;
 Car ses simples atours
Cachent la soie et le velours.
 Tra la la, (*ter.*)
  La !

Dans l'ombre et le mystère,
Glisse, glisse sans bruit,
Ma gondole légère,
A nous, la belle nuit!

Amour, paresse et volupté :
Ces trois mots résument ma vie !
Quand Rita rame à mon côté,
Elle me dit en liberté :
　　Piétro, mon doux vainqueur,
Pour toujours je suis ton amie ;
　　Je l'aime, j'ai son cœur
Et ne veux pas d'autre bonheur !
　　　Tra la la, (ter.)
　　　　La !
Dans l'ombre et le mystère,
Glisse, glisse sans bruit,
Ma gondole légère,
A nous, la belle nuit !

PEDRO L'AVENTURIER

BOLÉRO

Pédro, joyeux étudiant,
Riche d'amour, pauvre d'argent,
Comme tout blanc-bec de Séville,
Poing sur la hanche et nez au vent,
Une nuit, s'en allait, rêvant
Sans doute à quelque peccadille,
Fredonnant sous chaque balcon
Le gai refrain de sa chanson :
　　Moi j'ai l'âme fidèle,
　　Vous possédez un cœur !
　　Pardieu, ma toute belle,
　　Quittez cet air moqueur,

Et donnez-moi, cruelle,
Votre cœur pour mon cœur!
　Tra la la la,
Celle qui l'aimera,
　Tra la la la,
Pédro l'adorera.

Un bourgeois, ami du repos,
Se lève et murmure ces mots :
« Maraud, qui brailles de la sorte,
Porte au loin ta joyeuse humeur, »
Puis jette une pierre au chanteur,
Qui, le raillant, crie à sa porte :
« Va te plaindre au corrégidor,
Je n'en chanterai que plus fort. »
　Moi, j'ai l'âme fidèle, etc.

Mais, se dit notre aventurier,
J'ai beau crier, m'égosiller,
Il ne me revient que des pierres !
Comme il maudissait le destin,
Il voit qu'un boudoir féminin
Semble s'ouvrir à ses prières.
Ce n'est pas lui que l'on attend;
N'importe, il grimpe en répétant :

Moi, j'ai l'âme fidèle,
Vous possédez un cœur;
Pardieu, ma toute belle,
J'escalade en vainqueur!
Au faîte de l'échelle
Doit être le bonheur.
　Tra la la la,
Celle qui l'aimera,
　La la la la,
Pédro l'adorera!

UNE SOIRÉE DANS BREDA-STREET

Esquisse à refaire,
Sur un air à faire.

RÉCITATIF :

Mesdames et messieurs, ce que je vais vous dire,
    Vous déplaira ; — j'en suis fâché !
Qu'on s'en prenne à l'auteur, s'il craint peu de médire
Du sexe aimable auquel appartient Déjanire,
Ainsi que Déjazet, Nathalie et Psyché.

I

Hier la jeunesse dorée
    Eut soirée
Au galant quartier Bréda,
Où les femmes n'ont de doutes
    D'être toutes
Sur les vertus, à dada.

J'y fus, car c'était la fête
    De Laurette,
Reine de cette cité,
Qui dépense avec largesse
    La richesse
Qu'elle doit à sa beauté.

La salle était décorée,
    Eclairée
Par des lustres... de Carcel ;
Qui reflétaient leurs grimaces
    Sur les faces
Des hôtes de ce castel.

II

Cous blancs, épaules charnues,
    Gorges nues,

Fixent d'abord mon regard;
Puis des commis, des lorettes,
    Des poëtes
Qui cherchent un pas chicard.

Des modistes agaçantes
    Et pimpantes,
En grignottant des chinois,
Sur le mot amour raisonnent
    Et s'étonnent
Qu'on puisse aimer une fois.

Je vois une grosse fille
    Qui sautille
Entraînant à son sillon,
Un vautour au teint de plâtre,
    Qui folâtre
Comme un léger papillon.

III

De ses mains sèches, ridées,
    Etranglées
Par des bracelets d'argent,
Au piano, Mélanie,
    Estropie
Une polka de Quidant.

En souriant, ma polkeuse,
    Amoureuse,
Dans un regard velouté,
M'offre de troquer, l'infâme!
    Ma jeune âme
Contre sa mûre beauté.

Le zéphyr de son haleine
    Fait sans peine,
Tomber sur le frais satin,
Le blanc dont à chaque fête
    Elle apprête
Ses attraits de parchemin.

IV

Quelqu'un entre... c'est Laurette,
　　La coquette,
Qui rit de tous mes soupirs ;
Je sens mon âme, à sa vue,
　　Tout émue
Et s'accroître mes désirs.

Mais le bal fini, — la belle
　　Me rappelle ;
Ses yeux me disent d'oser.
Je consulte mon courage
　　Qui m'engage
A dérober un baiser.

Sur ses lèvres bien-aimées
　　Parfumées,
Je commets plus d'un larcin...
Laure par mon nom m'appelle
　　Et chancelle
En m'attirant sur son sein.

V

Soudain... (le diable l'emporte !)
　　A ma porte
Le portier frappe à grands coups,
Disant qu'il veut me remettre
　　Une lettre,
Et... qu'elle coûte trois sous.

Morbleu ! c'est pour la soirée
　　Une entrée
Au galant quartier Bréda ;
Où j'ai fait ce vilain songe,
　　Gai mensonge
Qui finit trop tôt, oui-dà !

Paris. **Le Bailly**, éditeur de musique, rue Cardinale, 6
　faubourg Saint-Germain.

933. — Paris, Imp. de Ch. Bonnet et Comp., 42, rue Vavin.

A CINQUANTE ANS

CHANSON.

La musique se trouve chez Mme veuve **PATÉ**
et **CARTEREAU**, éditeurs, rue de la Monnaie, 13.

A cinquante ans, je suis célibataire :
L'hymen, hélas ! m'a toujours repoussé ;
En vain je veux, dans les champs de Cythère,
Glaner encor, mais le temps est passé.
Quand à mes vœux désormais tout s'oppose,
Je vois qu'il faut chercher d'autres plaisirs..,
J'ai cinquante ans, le parfum de la rose
N'éveille plus en moi que des désirs.
      J'ai cinquante ans, etc.

Ma vie, hélas, n'est plus qu'un long carême ;
Je n'entends plus ni musique ni vers ;
Je ne puis plus goûter aux plats que j'aime,
Aux fruits nouveaux,.. je dis : Ils sont trop verts !
Adieu, soupers du rocher de Cancale,
Où la beauté permet de tout oser,
Pour exciter au cœur du vieux Tantale
La soif d'amour qu'il ne peut apaiser.
      Pour exciter, etc.

Sans nul souci du : *Qu'en dira le monde ?..*
Chez un rentier parfois je vais au bal,

J'y vois encore et la brune et la blonde
M'offrir la main lorsque vient le signal.
Il faut alors prétexter des migraines,
Tousser, cracher... — la danse a des appas, —
Mais l'âge rend les jambes incertaines,
Et je ne dois plus faire de faux pas.
  Oui, l'âge rend, etc.

Lorsqu'à vingt ans j'aimais les femmes mûres,
Pour les croquer j'avais trop bonnes dents;
J'ai grignotté des poulettes moins *sûres*,
Un peu plus tard, et me suis mis dedans.
Mais qu'aujourd'hui l'une ou l'autre me donne
Tout le bonheur que promet sa beauté,
Vrai, je me trouve entre *Printemps*, *Automne*,
Et je ne puis, hélas ! être l'*Eté*.
  Oui, je me trouve, etc.

Jeune amoureux, j'ai passé près des belles
De doux instants dans plus d'un frais boudoir;
Vieux, mon amour a replié ses ailes,
Et dort debout dès que paraît le soir.
Souvent encor la partie est offerte,
Dernièrement tendron me provoquait;...
Mais pour sopha j'ai pris la table verte,
Et, m'endormant, j'ai compté le piquet.
  Oui, pour sopha, etc.

Beaux jeunes gens, profitez de la vie,
Tâchez surtout d'en égayer le cours ;
La route est belle, et ceux qui l'ont suivie
Ainsi que moi vous feront ce discours.
Du gai dicton que Desaugiers, le maître,
Nous a légué, sachez vous souvenir :
« A cinquante ans il ne faut pas remettre
L'heureux instant qui promet un plaisir. »
  A cinquante ans, etc.

VOISIN ET VOISINE

OPÉRETTE
EN DEUX SCÈNES ET EN BEAUX VERSES.

« Que toujours en vos vers le sens coupant les mot
« Sache aussi des méchants arrêter les complots. »
(DEUX VIEUX.)

PERSONNAGES.

OSCAR RHADAMISTE, *peintre réaliste.*
Mlle ZENOBIE, *coloriste modèle.*

SCÈNE I.

ZÉNOBIE, *seule,*

(*Parlé.*)
J'ai vingt ans, je suis brune, et, de plus, coloriste ;
Ni laide ni trop belle, *aimante*... un peu de tout :
Les bonbons, les fadeurs... la toilette surtout...
Mais rien que pour Oscar, — un très-aimable artist
Qui fait de la peinture et me trouve à son goût.
Il me parle en vers faux, et ne vous en déplaise,
Je réponds en faux vers : genre *scène* française !
Ce qu'il m'a dit hier, il va le répéter...
(*Ritournelle de l'air suivant.*)
Je l'entends... écoutons ce qu'il va nous chanter.

SCÈNE II.

ZÉNOBIE, RHADAMISTE, *entrant.*

PREMIER COUPLET

Aimable et tendre Zénobie,
O blanche étoile de ma vie,
Astre tombé du firmament

Sur terre... je ne sais comment,
Pour devenir ma douce amie !

ZÉNOBIE, *riant.*

Fi !... me jeter du haut en bas
Du ciel !... ah ! je n'en reviens pas
Et trouve votre étoile triste
D'être une simple coloriste
Au lieu de briller ici-bas !

ENSEMBLE.

RHADAMISTE.

Ah ! que ne suis-je *coloriste*
Pour mieux vous peindre mon amour !

ZÉNOBIE.

C'est l' cas de dire : qu'un artiste
Voit des *étoiles* en plein jour !

RHADAMISTE.

(*Parlé.*)
Depuis assez longtemps je suis à me morfondre !
Zénobie, ah ! daignez aujourd'hui me répondre !
Ou bien, dites-moi : non ; ou répliquez-moi : *v'oui !*
Trois lettres...

ZÉNOBIE.

J'ai rêvé chat toute cette nuit,
Et chat... c'est trahison !

RHADAMISTE, *timide.*

Je parle avec franchise,
Et du fond d'un cœur, blanc... comme un col de chemise.
Je, vous, z'aime !

ZÉNOBIE.

V'oui, mais, quel arrondissement
Devra mettre un contrôle à votre beau serment ?

RHADAMISTE.

Celui que vous voudrez ; — vous plaît-il... *le treizième ?*

ZÉNOBIE.

Il pourrait bien suffire à votre ardeur extrême...
Mais il n'unit jamais que les beaux amoureux
Qui s'aiment, ne font qu'un, et... se battent pour deux,
Quand, soudain, au logis apparaît la disette.

RHADAMISTE.

Je ne veux pas agir, Zénobie, en cachette :
Vous aimant sans partage, et pour le bon motif,
Je vous offre un contrat...

ZÉNOBIE.

En règle?

RHADAMISTE.

Et positif!

ENSEMBLE.

REFRAIN.

RHADAMISTE.

A bientôt notre mariage,
Nous serons heureux
Tous les deux.
Plus de soucis, plus de nuage.
Désormais, nos jours
Seront courts!

ZÉNOBIE.

C'est trop tôt pour le mariage,
Nous n' serions pas heureux
Tous deux.
Plus d'un souci, plus d'un nuage
Ternirait d' nos jours
L'humble cours !

DEUXIÈME COUPLET.

ZÉNOBIE.

J'admire votre doux langage,
Mais si j'acceptais votre hommage,

Quel beau sort deviendrait le mien?...
Car, si je n'ai pas l'moindre bien,
Vous n'possédez pas davantage.

RHADAMISTE.

Avec le courage que j'ai,
Le sort sera bientôt changé :
Nous n'avons *rien*, mais il me semble
Que si nous mettions l' *tout* ensemble...
(*Galamment.*)
Je n' s'rais pas l' plus mal partagé!

ENSEMBLE. (*Bis.*)

ZÉNOBIE.

Puisque le malheur nous rassemble,
Pour que notre sort soit changé...

RHADAMISTE.

Voisine, mettons l' tout ensemble,
Je n' s'rai pas l' plus mal partagé.

ZÉNOBIE.

(*Parlé.*)
Oui, mais avant la noce on a quelques emplettes
A faire, et pour argent, vous n'avez que des dettes :
Le tailleur, le bottier... comment les contenter?

RHADAMISTE.

Bath!... j'en ai fait mon deuil et dois en hériter!
On ne vit pas toujours : hourrah! les morts vont vite!
S'ils meurent, c'est payé ; moi, mourant, je m'acquitte!
A moins que, cependant, ils n'attendent encor
Que Crésus me sourie avec sa bouche d'or...
Et, sauf les intérêts, en payant je dédie
A tous mes créanciers, une charmante scie,
Que j'ai faite pour eux. — Elle se chante en sol...

ZÉNOBIE.

Et n'est pas moins *sciante* en sol qu'en si bémol.

COUPLETS.

RHADAMISTE.

« Un jour un peintre en déroute
« Chantait dans son atelier,
« Pendant que s' mettait en route,
« Pour grimper son escalier,
    « L' boulanger !
« En peinture, sur mon âme,
« Je veux payer tous vos pains :
« Vous aurez avec vot' femme,
    « Vos p'tits *peints*. »
« Tra la la, la, la, la, ah !
        (*Geste de jouer de la clarinette.*)

ENSEMBLE.

« Ah ! pour les artistes,
« Qui n'aim'nt que les jeux, les ris,
  « Les gens les plus tristes
« Sont les créanciers d' Paris ! »

II

ZÉNOBIE.

« Le même peintre en déroute
« Déjeunait un beau matin,
« N'ayant pour graisser sa croûte
« Qu'un bout d' fromage, quand, soudain,
    « L' marchand d' vin,
« Dans ce temple d' la débine,
« Vient demander de l'argent,
« Sans porter mêm' sa chopine...
    « Et du flan ! »
« La, la, la, etc., etc.

ENSEMBLE.

« Ah ! pour les artistes, etc.

III

RHADAMISTE.

« De ces messieurs, la cohorte
« Chaqu' jour vient frapper, crier,
« Impossible que l'on sorte
« Sans voir tailleur, chapelier
  « Et bottier !..,

ZÉNOBIE.

« Loin de déchirer leurs notes,
« Payez-les... par ce moyen,
« Vous aurez toujours des *bottes...*
  (*Pied de nez.*)
  « Comm' Bastien ! »

ENSEMBLE.

« Tra la la, la, etc., etc.
  « Ah ! pour les artistes, etc.

ZÉNOBIE.

(*Parlé.*)
Vous savez, comme on dit : « Faire *contre fortune*
Bon cœur ! »

RHADAMISTE.

   Que voulez-vous ? l'infortune importune :
En travaillant, je veux la braver et nourrir,
Moi, vous et... les marmots qui pourraient survenir.

ZÉNOBIE, *transportée.*

Oscar, ah ! taisez-vous !... tais-toi, tais-toi, je t'aime !

RHADAMISTE.

O bonheur ! elle m'aime et l'avoue... *elle-même !*
Ah ! j'en serai malade et mourrai de plaisir.

ENSEMBLE. (*Au refrain.*)

RHADAMISTE.

A bientôt, etc.

ZÉNOBIE.
C'est trop tôt, etc.
TROISIÈME COUPLET, *un peu moins chanté.*
RHADAMISTE.
Mais j'oubliais... on vient de me remettre,
Pour chacun de nous, une lettre.
(*Il lui donne une lettre.*)
ZÉNOBIE.
Ah! vous les gardiez pour la fin;
Mais qui peut donc m'écrire?... enfin!
C'est quelqu'un qui doit me connaître.
RHADAMISTE, *qui a décacheté la sienne.*
Lisons ce papier de *six sous*,
Signé : *Julit'*, fâmme Giroux;
C'est un' cousin' de Normandie.
ZÉNOBIE.
Le mien vient de la Picardie...
Il est signé : Jean Larfailloux.
ENSEMBLE. (*Bis.*)
Entrons ensemble en } Picardie,
Normandie,
Pour savoir ce qu'on fait *cheu* nous.
(*Parlé.*) ENSEMBLE.
Eh quoi!... de } Picardie, } on nous écrit
Normandie. } dimanche?
RHADAMISTE.
Sans doute, un créancier.
ZÉNOBIE.
C'est quelque billet doux...
RHADAMISTE.
Quel est donc ce mystère?..
ZÉNOBIE.
Air de *la Dame blanche.*
(*Montrant la lettre.*)
Chantons plutôt ceci.... A vous

RHADAMISTE.
                        Non pas... à vous !
(*Ils chantent et se retournent de temps en temps en
s'apercevant qu'ils lisent deux lettres semblables.*)
(*Ritournelle pendant laquelle Oscar bat la mesure
                devant sa lettre.*
            ZÉNOBIE.
      « Chère cousine...
                RHADAMISTE.
                    Cher cousin,
            ENSEMBLE.
« Je m'empresse de vous écrire,
            ZÉNOBIE.
« Afin d'vous dire,
            RHADAMISTE.
                Afin d' vous dire,
            ENSEMBLE.
« Qu'hélas ! votre pauvre parrain,
« Dont on ignorait la richesse,
            (*Emotion burlesque.*)
« Est dé-cé-dé, et... qu'il vous *laisse*...
« Dix mille francs et du terrain,
« Avec lesquels je vous embrasse,
« Vous invitant à v'nir, sans retard,
« Faire le partage sur place. »
            ZÉNOBIE.
Qu'ai-je vu ?
            RHADAMISTE.
    Qu'ai-je lu ?
            ZÉNOBIE.
            C'est un rêve !
            RHADAMISTE.
                    Un cauch'mar !
ENSEMBLE. (*Montrant le passage de la lettre.*)
« . . . . . Il faut partir et *sans retard*... »
            RHADAMISTE.
Voyez plutôt ma lettre, et donnez-moi la vôtre...

ENSEMBLE.
Ensemble lisons l'une et l'autre !...
(*Ils échangent leurs lettres.*
ENSEMBLE.
RHADAMISTE.
« Chère cousine,
ZÉNOBIE.
« Cher cousin, etc.
(*Reprise jusqu'à* : Et du terrain.)
ZÉNOBIE.
Pour lire aussi laide écriture,
Convenez qu'c'est beau la lecture !
RHADAMISTE, *comme étourdi.*
Dix mille frrrancs !...
ZÉNOBIE.
Et du terrain!
Vous le voyez, Oscar, notre malheur s'achève :
Que tous nos maux soient oubliés !
RHADAMISTE.
Oui, je le vois, ce n'est plus un vain rêve :
(*Désespoir comique.*)
Mes créanciers seront payés !...
(*Gaiement.*)
Que dites-vous, ma voisine,
D' la lettre de ma cousine ?
ZÉNOBIE.
Que pensez-vous, mon voisin,
De celle de mon cousin ?
RHADAMISTE.
Voisine, pour n'avoir à nous deux qu'un chagrin,
Je vous offre mon cœur ?...
ZÉNOBIE.
A vous ma main, voisin !
Est-ce entendu ?
RHADAMISTE.
Bien entendu !

ZÉNOBIE.

C'est convenu?

RHADAMISTE.

Bien convenu!
(*S'oubliant : Réminiscence du Châlet.*)
Je l'ai juré, je me battrai...
Non, j' t'aimerai, je t'épous'rai,
J' te dorlot'rai tout à mon gré.

FINALE.
ENSEMBLE.

Plus de sou- (*bis*) cis, plus de nuage,
Dès demain (*bis*), sans bruit, sans éclat,
Chez l' notair' (*bis*), de not' mariage,
Des deux mains (*bis*), nous sign'rons l' contrat.

REFRAIN.

A bientôt notre mariage,
    Nous serons heureux
        Tous les deux ;
Plus d' soucis, de sombre nuage,
    Désormais nos jours
        Seront courts!

ENSEMBLE,
Ou dialogué à volonté.

ZÉNOBIE.

Ah! quelle noce l'on fera!
On y rira, dansera, chantera.
    Tra, la, la, la.

RHADAMISTE.

J' m'y crois déjà,
On y chant'ra, dans'ra,
    Et cætera,..
        Tra, la, la, la,
(*A volonté, pour finir en dansant.*)

Paris. **Le Bailly**, éditeur de musique, rue Cardinale, 6,
faubourg Saint-Germain.

1427. — Paris. Imp. de Ch. Bonnet et Comp., 42, rue Vavin.

LE DRAPEAU

TRICOLORE

SOUVENIR D'ENFANCE.

Air : *Genêts qui parfumez mes rêves;* ou : *des Hirondelles.* (BÉRANGER.)

Un jour de fête, avec mon père,
Je voyais passer des soldats ;
Leur mine était noble et guerrière,
Ils semblaient voler aux combats,
J'écoutais leur clairon sonore,
Animant au bruit, au danger...
Et vers le drapeau tricolore
De mes deux mains j'envoyais un baiser. } *Bis*

Ah ! comment vous le dépeindrais-je ?
Du ciel on y voyait l'azur ;
Puis, comme un long manteau de neige,
Le blanc ondoyait doux et pur ;
Ensuite, les feux de l'aurore,
Au bout paraissaient l'embraser...
Et vers le drapeau tricolore
De mes deux mains j'envoyais un baiser. } *Bis.*

Il était rayonnant de gloire,
Semblable à l'écharpe d'Iris :
On aurait dit que la victoire
Tressaillait sous ses vastes plis.
Son aspect rappelait encore
Les jours où tremblait l'étranger...
Et vers le drapeau tricolore
De mes deux mains j'envoyais un baiser. } *Bis.*

Ces guerriers, enfants de Bellone,
De leurs regards le caressaient ;
Et, comme un vase qui bouillonne,
Devant lui leurs cœurs grandissaient.
Ah ! je crois les revoir encore
Sur leur poitrine le presser,
Et vers le drapeau tricolore
De mes deux mains j'envoyais un baiser. } *Bis.*

Cependant ces hommes de guerre
Défilaient fiers et radieux ;
Et la glorieuse bannière
Fuyait, fuyait loin de mes yeux.
En vain je regardais encore,
Ses couleurs allaient s'effacer...
Et vers le drapeau tricolore
De mes deux mains j'envoyais un baiser. } *Bis.*

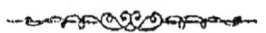

JACQUOT
L'ANNEXÉ
CHANSONNETTE.

Air : *Quand j'étais roi de Béotie.* (D'Orphée.)

Je suis Français, vive la France !
Et tous mes frères, comme moi,
De tout cœur fêtaient l'jour d'avance
Qui nous réunit sous sa loi.
Moi, pauvre enfant, j'suis heureux comme
Si j'étais v'nu quinze ans plus tard :
Né d'hier, je n'sʼrais pas un homme ;
On n'm'eût pas appelé *Savoyard* :
Je suis Français, vive la France ! (*Bis.*)
Oui Français, bon Français, vive la France !

Je suis Français, vive la France !
Et, si je quitte le hameau
Pour chercher plus belle existence
Dans un endroit qu'on dit plus beau,
C'est qu'aujourd'hui j'ai l'assurance
D'pouvoir (ce n'est plus comm' jadis)
Rev'nir aux lieux de mon enfance
Sans m'exiler de mon pays :
Je suis Français, vive la France ! (*Bis.*) etc.

Je suis Français, vive la France !
A mon av'nir je dois penser ;
Si la marmotte aime la danse,
C'n'est plus à moi d'la faire danser.
Puisque l' pays, pour sa défense,
Veut pour soldats des cœurs vaillants,
Je n'veux plus pour ma subsistance
Du *petit sou* de certain's gens :
Je suis Français, vive la France ! (*Bis.*) etc.

Quand j'aurai bien servi la France,
Si l'on n' m'a pas fait général,
J' me r'tire et d' mon expérience
Je veux me faire un capital.
Un' fois lancé dans la finance
J'engraisse et voilà l' principal
Pour paraître un homme d'importance
Comme un gros richard... du *Cantal.*
Je suis Français, vive la France ! (*Bis.*) etc.

Je suis Français, vive la France !
Tous les beaux rêv's y sont d' saison ;
La France rime à l'espérance,
Et j' veux y bâtir ma maison.
Si j' trouve un' bell' femm', quelle chance !
De voir s'arrondir mon magot,
D'avoir plus tard bonheur, aisance,
Et des héritiers... *à gogo...*
Ils s'ront Français, vive la France ! (*Bis.*)
Tous Français, bon Français, vive la France !

LA BRIGUEDONDAINE

BALANÇOIRE FRANCO-AUTRICHIENNE.

Air : *La Briguedondé.* (Chanté par J. Kelm.)
RÉCITATIF. (*A volonté.*)

Il est, malgré les noirceurs
De la plus méchante des sœurs,
    Un' bell' contrée,
Qui, des peintres, des sculpteurs,
Des architectes, des auteurs,
    Est adorée !
    Vous plaît-il d'écouter
    Ce que j' vais vous chanter ?
Une balançoire embêtante, embêtante,
    Assommante,
    Abrutissante !
Elle se chante en tous les tons,
Depuis les nouveaux diapasons :
Si la rime n'est pas bien riche...
C'est qu'il s'agit d'Autriche.   (*bis.*)
Il s'agit de l'Autriche !...

C'est l'empereur d'Autriche,
    La briguedondiche,
Qui sera maltraité,
    La briguedondé !
En ce moment, il triche,
    La briguedondiche,
Et rompt un grand traité...
    La briguedondé !

Il déclare la guerre,
    La briguelantaire,
Aux enfants du Piémont...
    La briguedondon !

Qui ne le craignent guère.
　　La briguelanlaire,
Marchant avec nous d' front
　　La briguedondon !

Le Piémont dans la peine,
　　La briguedondaine,
Défend sa liberté.
　　La briguedondé !
Et l'Autrichien, sans gêne,
　　La briguedondaine,
Va danser tout l'été,
　　La briguedondé !

L'Italie et la France,
　　La briguedondance,
Dont l' courage est cité,
　　La briguedondé !
Joueront la contredance,
　　La briguedondance,
Sur un air bien noté :
　　La briguedondé !

Puis, après le quadrille
　　La briguedondille,
S'il aime la polka,
　　La briguelonla !
On lui donne en famille,
　　La briguedondille,
Jusqu'à la froteska...
　　La briguelonla !

L'Autrichien en détresse
　　A la fin d' la pièce.
Paiera les violons
　　En faux monnerons,
Et, ravis d' leur largesse,
　　La monnai' de leur pièce,
C'est nous qui la rendrons
　　A coups de canons !

1859.

LEÇON DE DANSE

DONNÉE

PAR UN ZOUAVE

A UN

AUTRICHIEN

(Campagne d'Italie 1859.)

Air : *de la Valse du petit François.*

Petit Autrichien,
Puisque tu l' veux bien,
Je vais t'apprendre à mon aise,
Foi de Parisien,
Le meilleur moyen
De danser à la Française,
Ainsi qu'à la Piémontaise.
Prête l'oreille, ouvre bien l'œil
Aux conseils du petit zouave ;
Et, franchement, fais-lui l'accueil

Que l'ennemi fait au vrai brave.
Devant nos bataillons,
Pron, pron, pron, prompts.   (*bis,*)
On marche à reculons :
Watt, fer fich (bis), *Aus'trich!*
Le doigt sur la couture,
Marque l' pas et la mesure...

Drin, drin, drin, drin !
Tra la la la la la la la la la la la la,
Tra la la la la la !
Drin, drin, drin, drin, tra la la la la,
Tra la la la la !
(*Tyrolienne à volonté.*) Tra la la lère. (*bis.*)
Tra la la la la la la la la la ! etc.

Sur les bords du Pô,
A Montebello,
Les musiciens d'ta patrie
Ont offert l' bal
Et donné l' signal,
A notre corps d'harmonie,
Qui d' danser crevait d'envie !
La contrebasse était l' canon ;
La clarinett', la fusillade ;
Plus d'un des tiens, au violon;
D'avoir dansé s' trouvait malade,
Après quelques leçons,
Pron, pron, pron, prompts.   (*bis.*)
Vous s'rez gentils garçons...
Watt fer fich (bis), *Aus'trich!*
Et la *Pelle Idalie*
Deviendra ton amie...
Drin, drin, etc.

A ton dernier bal,
Un brav' général,
Un danseur plus chaud que braise,
Essuyant tes feux,
Est mort sous tes yeux,
En t' montrant la chaîne anglaise :
Il est mort... à la française !
Abandonnant Montebello,
Devant nos phalanges guerrières,
Vous vous sauviez au grand galop,
Dans le plus *gai* des cimetières,
Pour avoir l'agrément
D'assister, pron, pron, pron, pron, pron.
A votre enterrement :
Watt fer fich (bis), *Aus'trich !*
Car, sous l' fer de nos zouaves
Vous mourriez tous en braves...
Drin, drin, etc.

— Ah ! ch'ai tant tansé,
Qu' je suis harassé ;
Ch'ai soif et j' te mante à poire.
— Non tu danseras
Mazurkas, polkas,
Jusqu'au bout du répertoire ;
Il faut bien payer sa gloire !
— Moi j'être tans les brisonniers ;
Je tanse, et chez nous, on en glose.
— Bah ! repos'-toi sur tes lauriers
Et vois encore la vie en rose...
Quand tu seras guéri,
Pron, pron, pron, pron, pron, etc,
On t' dira mon chéri :
Watt fer fich (bis), *Aus'trich !*
Si t' aim's toujours la danse,
Reviens à l'ambulance.
Drin, drin, etc.

DANS LE HUNIER

MARINE.

De la frégate *la Luxure*,
Quand le vent enflait la voilure,
Je m'élançais dans la mâture,
Pour mieux contempler l'horizon ;
Et là, par l'effet du mirage,
Je voyais la plaisante image
D'un vaisseau donnant l'abordage
Pour l'honneur de son pavillon.
A ce souvenir, je m'écrie
    De mon hunier :
Ah ! que l'existence est jolie,
    Pour un gabier !

Voyais-je au ciel un gros nuage,
Qui nous menaçait d'un orage,
Soudain j'apprêtais l'équipage
A tenir tête à son courroux ;
Et, sur la vague impétueuse,
Ma frégate glissait joyeuse,
Puis se relevait orgueilleuse
D'avoir du sort bravé les coups.
    A ce souvenir, etc.

Mais après une longue absence,
Ma frégate hardiment s'avance
Aux bords chéris de notre France.
Ah! combien mon cœur est joyeux ;
Car dans mes bras, bientôt j'espère,
Presser ma bonne vieille mère ;
Déjà, là-bas, je vois la terre,
Vers elle se fixent mes yeux.
Ah ! c'est alors que je m'écrie,
   De mon hunier :
Salut à la noble patrie
   Du vieux gabier !

LA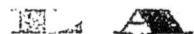
JEUNE MALADE

ROMANCE.

Depuis que de ma fenêtre
Je vois les beaux jours renaître
Et tous les arbres en fleurs,
Mon pauvre cœur se brise et je verse des pleurs ;
  Car, je vois aussi mes compagnes,
  Qui, joyeuses, s'en vont courir,
  Les prés verts de nos campagnes...
    Et moi, — je vais mourir !

Dès que l'aube va paraître,
Bien souvent, de ma fenêtre,
J'entends les petits oiseaux

Qui se parlent d'amour au milieu des roseaux ;
    Souvent, à la brise embaumée,
    La tendre fleur, dans un soupir,
    Dit qu'il est doux d'être aimée...
      Et moi, — je vais mourir !

    Quand j'entends de ma fenêtre
    Résonner sous le vieux hêtre
    Les accords du chalumeau,
Je regrette les jours de fête du hameau.
    Car tous les garçons et les filles,
    Pour danser vont gaîment s'offrir ;
    Je vois former les quadrilles...
      Et moi, — je vais mourir !

    Je suis seule sur la terre,
    Et mon réduit solitaire
    Abrite mes longs ennuis ;
A pleurer mes beaux jours, je passe, hélas, mes nuits.
    La vie à tous s'offre riante :
    Les lilas blancs vont refleurir ;
    Ici-bas, tout rit et chante...
      Et moi, — je vais mourir...

    A l'heure où, silencieuse,
    La nature harmonieuse
    Disait son hymne d'amour,
Les vents du soir portaient aux échos d'alentour,
    L'âme du clocher du village,
    Qui disait, dans un long soupir :
    Ne chantez plus sous l'ombrage...
      Rose vient de mourir !

Paris. **LE BAILLY**, libraire-éditeur, 6, rue Cardinale.
(Près la rue de Buci), faubourg Saint-Germain.

1444. — Imp. de Ch. Bonnet et Comp., 42, rue Varin.

LE VIEUX GARÇON
SANS SOUCI
SCÈNE COMIQUE.

La musique de **V. Robillard**, se trouve chez **Le Bailly**,
rue Cardinale, 6.

Air : *De l'Heureux parrain* (du même auteur).

Lorsque le destin m'est contraire,
Si je n'en puis être vainqueur,
Vrai sans-souci, moi je sais faire
Contre mauvais' fortun', bon cœur.

J'ai quinze cents livres de rente,
Que je tiens de feu mes papas ;
Mon esprit, partout on le vante
Et le toupet n'me manque pas.
J'n'ai pas d' forêt couvrant ma nuque,
En Espagne, j'nai pas d'château ;
J'n'ai pas encor porté perruque
Et j'use mon premier chapeau.

(*Parlé*.) Dieu merci, oui ;—ce n'est pas que je fasse fi de la casquette, ni du casque-à-mèche conjugal.. Diable ! on ne sait pas ce que plus tard on doit porter. (*Il rit*) Eh ! eh ! eh ! après tout, ça m'est bien égal !...

Lorsque le destin, etc.

J'ai mansarde avec *dépendance* ;
Car, je dois l'confesser ici,
Tous les trois mois, j'ai ma quittance
Et cell' de ma voisine aussi !
Elle est ma femme... de ménage.
C'est tout profit, et, le plus beau

C'est qu' tout l'argent qu'ell' me ménage
Sert à payer son p'tit trousseau.

(*Parlé.*) Elle est si propre... si honnête ! — Dame, ça flatte un homme, une... voisine qui se tient, qui représente et qui a des formes. Elle ne prendrait pas la moindre des choses sans demander la permission : et, elle demande si bien qu'on ne peut rien lui refuser. — Et puis on vous fait un crime d'être vieux garçon.— Moi, je n'ai pas l'air de l'être et... je le suis... oui, je suis très-heureux... à ma manière, ce qui ne nuit à personne et empêche tout le monde de jaser. D'ailleurs, ça n'y ferait ni chaud ni froid, puisque...

Lorsque le destin, etc.

Bien souvent, quand je dîne en ville,
Le vin sur moi fait son effet ;
Je suis le plus grand imbécile,
Ou le plus franc mauvais sujet.
En route, j'essui' la muraille.
J'vais coudoyant tous les passants ;
A tout's les femm's je prends la taille
Et les gamins dis'nt que j' suis d'dans.

(*Parlé.*) Ça me rappelle que l'autre soir, j'étais tellement pris, que j'avais perdu mon chapeau.—Ca m'était d'autant plus indifférent, que n'ayant plus la tête à moi j' n'en avais plus besoin.—Je rentre et... je ne sais trop pourquoi (des bêtises d'homme saoûl, comme on dit), « Bobonne ! ma robe de chambre !... j'ai à écrire... ma dépense. » —On me fait la grimace... alors, je vais droit au portemanteau pour la prendre. O surprise ! il y a quelque chose dedans ! ce quelque chose, c'est quelqu'un ; ce quelqu'un un quidam et... qui, dame ?... je vous le donne en cent. (*Riant.*) L'autre voisin de ma voisine, le fils du propriétaire... il venait de lui donner quittance. — Je l'empoigne et je lui dis : « Que faites-vous dans ma robe de chambre à *cette heure ?* (notez bien que disant *cette heure*, il en était onze et demie). Répondez, ô larron de mon bonheur. » En disant ces mots je le pousse dehors et je lui fais descendre l'escalier à reculons, sur le dos... patatras !—Pauvre homme ! ma voisine ne m'a pas encore pardonné la chute du propriétaire.— Ah ! bath !... un homme qui, dans ma robe de chambre et dans mes propres meubles vient troubler mon ménage !...(*Naturellement.*) Et puis, ma robe de chambre est *fichue ;* c'est tout au plus s'il en restera de quoi en faire un pour l'infidèle.— Pauvre bobonne !... elle ne veut plus faire la chambre... même à nous deux. — Ouiche!... dans trois jours elle me donnera, comme par le passé... (*Chantant*) :

« Mon lait de poule et mon bonnet de nuit. »

Et quand je serai *coiffé* par elle, ma foi je n'aurai pas le courage de lui garder rancune.... au contraire, et puis, *honni soit qui mal y pense !* V'là mon opinion.

Lorsque le destin m'est contraire,
Si je n'en puis être vainqueur,
Vrai sans-souci, moi je sais faire
Contre mauvais' fortun', bon cœur !

EN V'LA D' LA POLITESSE

Air : *Vive le naturel* (Chanu).

Ou : *De Fanchon.*

Pour me mettre à la mode,
J'ai pris mari commode,
Il fait de moi très-peu de cas ;
Ne prouve sa tendresse,
Qu'en vantant partout mes appas...
  C'est ça, d'la politesse
  Ou je n' m'y connais pas!

Si, parfois, je m'offense
De son indifférence,

Sans comprendre, il répond hélas !
  Je te laisse maîtresse
De faire ce que tu voudras...
    C'est ça d'la politesse,
    Ou je n' m'y connais pas !

  Je fus toujours très-sage,
  Mais, pour dot, au ménage,
J'apportai le fruit d'un faux pas.
  Mon époux le caresse
Et le trouve gros, frais et gras...
    C'est ça d'la politesse,
    Ou je n' m'y connais pas !

  Quand on me rend visite,
  Il disparaît de suite
Pour aller prendre ses ébats ;
  Il me dit : Je vous laisse,
Avec monsieur, tu causeras...
    C'est ça d' la politesse,
    Ou je n' m'y connais pas !

  Mon malheur est extrême !
  Un de mes cousins m'aime...
Si j'étais libre... mais, hélas !
  Mon mari me délaisse,
Espérant qu'il perdra ses pas...
    C'est ça d' la politesse,
    Ou je n' m'y connais pas !

  Un jour que j'étais triste,
  Il rentre à l'improviste
Et voit le cousin dans mes bras ;
  Des yeux, il nous confesse
Puis, ôte son chapeau, bien bas...
    C'est ça, d' la politesse,
    Ou je n' m'y connais pas !

Depuis cette aventure,
Je croyais, je l'assure,
Qu'il me ferait marcher au pas ;
Mais, il a sa maîtresse
Et prétend qu' je n' me gêne pas...
C'est ça d' la politesse,
Ou je n' m'y connais pas !

LA
RÉPONSE DE LA FLEURETTE

Air : *Simple fleur* (du même auteur).

M'aime-t-il, m'aime-t-il un peu ?
    Réponds Marguerite,
    Réponds-moi bien vite !
M'aime-t-il, m'aime-t-il un peu,
    Dois-je, Marguerite,
    Croire à son aveu ?
    Ah ! ah ! etc.

    Ainsi disait Ninette,
      En effeuillant
      De son doigt blanc
    Les pétales d'argent
Qui s'envolaient avec sa chansonnette :
    M'aime-t-il, etc.

    Georges dit qu'il m'adore ;
      Dès qu'il paraît,
      Sous mon corset,
    Mon cœur bat en secret,
Savant devin, je l'interroge encore :
    M'aime-t-il, etc.

Un peu..., beaucoup... fleurette,
  Ne mens-tu pas ?...
  — Non,—fit bien bas,
George, en ouvrant ses bras,
Je t'écoutais... oui, je l'aime, ô Ninette !
Oui beaucoup, et non pas un peu ;
  Dans ta marguerite,
  Mon âme est écrite,
Oui beaucoup, et non pas un peu
  Et ta marguerite
  A fait mon aveu !
    Ah ! ah ! ah !
    Ah ! ah ! etc.

LES EMBARRAS
D'UN CHANSONNIER

CHANSONNETTE.

Air : *de la Treille de Sincérité.*

Je veux faire une chansonnette,
J'ai beau chercher, rien ne me plaît !
  Ma musette
  Reste muette
Et ne trouve pas un couplet.

Chaque semaine, à la goguette,
Je dois apporter ma rançon.
Mes amis vont payer leur dette
Et, nul, me voyant sans chanson,
Ne me servira d'échanson !

Ils diront : Lui qui nous amuse,
En chantant des refrains grivois !...
A-t-il battu,... chassé sa muse ?
Ou bien, a-t-il perdu la voix ?
   Je veux, etc.

Encor si j'avais la manière,
Du poète à l'esprit charmant,
Qui chanta si bien *la Fermière*,
Les Cloches et *l'Isolement*,
Et *l'Écolière*, en tendre amant !
Non ! ma plume n'est pas trempée,
Pour imiter pareil rival
Et commencer une épopée
Qui doit finir... à l'hôpital
   Je veux, etc.

Je pourrais bien chanter les cornes,
En dépit de quelques maris,
La chanson connaît peu de bornes,
Et le bois de cerf a son prix...
Rien que d'y penser, moi, je ris.
Mais, à l'oreille, on vient me dire
Que tel malheur est vénéré,
Et que ceux qui pourraient en rire
Pour leur compte ont souvent pleuré !
   Je veux, etc.

Je pourrais aussi, pour mémoire,
Célébrant nos anciens troupiers,
Faire rimer Gloire et Victoire,
Les Lauriers avec les Guerriers,
Et ne serais pas des premiers !
Debraux a dit : mieux que personne,
En souvenir de nos succès :
« Quand on regarde la colonne,
« Ah ! qu'on est fier d'être Français ! »
   Je veux, etc.

De la jeune armée invincible
Rien ne peut arrêter l'essor :
Le passage est inaccessible !
On le franchit et sans effort,
Par mer ou terre, au sud, au nord !
Grâce à vous, braves militaires,
Par qui tout chemin est frayé ;
De nos plus grands dictionnaires
IMPOSSIBLE sera rayé !
   Je veux, etc.

Chanterai-je les crinolines
Ce sujet ne déplairait pas,
Si déjà cent voix féminines
N'avaient défendu les appas,
Et les attraits qu'elles n'ont pas.
Bien à tort ma verve s'allume ;
Il ne faut pas, pour quelques sous,
Contre *l'acier* croiser la plume...
Mieux vaudrait avoir le dessous.
   Je veux, etc.

A force de chercher, on trouve.
Mon sujet, je le tiens enfin !
Versez à boire, et je vous prouve,
Que souvent l'auteur le plus fin
Commence une œuvre par la fin.
Je vais, refaisant une enquête,
De mes soucis, jusqu'au dernier,
Vous les chanter, et mettre en tête :
Les Embarras du Chansonnier
  Je vais faire une chansonnette,
   Sur un gai refrain qui me plaît ;
      Ma musette
        N'est plus muette :
Écoutez } le premier couplet.
A demain

CHANT
DES
VOLONTAIRES FRANÇAIS
(1859.)

Air *des Girondins*. (VARNEY.)

Le Piémont jette un cri d'alarme,
Et nous appelle à son secours ;
Ouvriers, soldats, chacun s'arme,
Chacun veut lui donner ses jours.
  Délivrons l'Italie ! (*Bis.*)
Sous un joug oppresseur, elle gémit et crie :
A nous, peuple français ! — Délivrons l'Italie !

L'Autrichien voudrait par la guerre
Voir l'Italie à ses genoux ;
Chassons ce tyran mercenaire...
Il doit succomber sous nos coups.
  Délivrons, etc.

Des Français la noble vaillance
Etonna toujours l'Univers ;
Et d'un peuple ami, notre France
N'a qu'à vouloir briser les fers !
  Délivrons, etc.

Du Piémont, braves volontaires,
Allons seconder les efforts ;
Au retour, bénis par nos mères,
Nous partagerons leurs transports.
  Délivrons l'Italie ! (*Bis.*)
Sous un joug oppresseur, elle gémit et crie :
A nous, peuple français ! — Délivrons l'Italie !

LA VIE DU ZOUAVE

RONDE DE BIVOUAC.

Air : *Cadet Roussel est bon enfant.*

    Le zouave est un bon vivant,
CHŒUR. Le zouave est un bon vivant,
    Toujours joyeux, toujours content,
CHŒUR. Toujours joyeux, toujours content ;
    Il est faubourien de naissance,
    Et batailleur dès son enfance...

  Ah ! ah ! ah ! mais vraiment, } *Bis*
  Le zouave est un bon enfant. } *en chœur.*

Avide de voir du nouveau, (*Bis.*)
Il tire un mauvais numéro, (*Bis.*)
Pour fair' ses débuts en Afrique,
Il quitt' l'atelier, la boutique...
  Ah ! ah ! etc.

Le zouave est un gai luron, (*Bis.*)
Qui se plaît au bruit du canon ; (*Bis.*)
Il marche à travers la mitraille,
En chantant son air de bataille.
  Ah ! ah ! etc.

Quand il se trouve en temps de paix, (*Bis.*)
Il raconte tous ses hauts faits ;   (*Bis.*)
Et buvant à chaque victoire,
Le voilà r'parti... pour la gloire...
  Ah ! ah ! etc.

Fêtant Bacchus et Cupidon, (*Bis.*)
Au besoin pinçant l'rigodon, (*Bis.*)
Aux salons d' Mars et d' la Victoire,
Plus d'une a d' lui gardé la mémoire...
    Ah ! ah ! etc.

Par son *grand air* il a toujours (*Bis.*)
A chanter nouvelles amours ; (*Bis.*)
Mais au moindre bruit de conquête,
Il quitt' Clara pour *Clarinette*.
    Ah ! ah ! etc.

En Afriqu' son corps a vu l'jour ; (*Bis.*)
En Crimée, il a fait un tour ; (*Bis.*)
Il va maintenant en Autriche,
Pour voir si l' militaire est riche...
    Ah ! ah ! etc.

Comptant mourir dans les combats, (*Bis.*)
Il court au-devant du trépas ; (*Bis.*)
Songeant qu'on mettra dans l' grand livre :
« Il est mort... en homm' qui sait vivre ! »

Ah ! ah ! ah ! mais vraiment,
Le zouave est un bon enfant. } (*Bis.*)

UN BON VIEILLARD

Air : { *A cinquante ans.*
{ *Muse des bois et des accords champêtres.*

O bon vieillard, en voyant notre joie,
Ton front ridé rayonne de bonheur ;
Dans notre vin la tristesse se noie,
A notre aspect s'épanouit ton cœur.

Trinquons, trinquons, viens, approche ton verre :
A tes plaisirs, à tes amours, buvons !
Amis, dansons, autour de notre père,
Et chantons-lui nos plus douces chansons !   (*bis.*)

Las ! comme nous, jadis on le vit boire
Et couronner de roses ses cheveux ;
Avec Piron, il a chanté Grégoire,
Les folles nuits, les faveurs et les jeux !
Plus d'une fois des jardins de Cythère,
Il a foulé les fleurs et les gazons.
Amis, dansons autour de notre père
Et chantons-lui nos plus douce chansons !   (*bis.*)

Il a souvent bravé verroux et grilles,
Fait enrager les pères, les époux,
Et composé, pour les rieuses filles,
Tendres sonnets, rondeaux, couplets bien doux !
Dans son quartier, il n'était pas de mère
Qui, le voyant, n'éprouvât des frissons...
Amis, dansons autour de notre père,
Et chantons-lui nos plus douces chansons !   (*bis.*)

Puis il a vu ce temps de notre histoire
Où tous les fronts s'inclinaient devant nous ;
Il fut témoin de ces beaux jours de gloire
Où tant de rois tombaient à nos genoux !
Il fut aussi dans cette grande guerre
Où tout, hélas ! périt sous les glaçons !
Amis, dansons autour de notre père,
Et chantons-lui nos plus douces chansons !   (*bis.*)

PARIS

LE BAILLY, libraire, éditeur de musique,
rue Cardinale, 6, et rue de l'Abbaye, 2, faub. St.-Germ.

1870. — Paris. Imp. Bonnet et Comp., 42, rue Vavin.

DÉFIAIS-VOUS DES FILLES

SCÈNE COMIQUE

Musique de **Victor Robillard**

La Musique se trouve chez LE BAILLY, éditeur
Rue de l'Abbaye-Saint-Germain-des-Prés, 2 bis.

    Défiais-vous des filles,
    Je le dis à tous,
    Mêm' les plus gentilles,
    C'est pis que des loups.
    Défiais-vous des filles,
    C'est des loups garous.
(PARLÉ). Hou!... les vilaines!...

    Dans l' pays j' suis à la mode
    De d'puis mon r'tour de Paris;
    Dam! c'est qu' j'avons suivi l' code
    Des élégants, des dandys.
    Aussi, les fill's du village,
    Mêm' les cell's qu'ont le plus d' bien,
    Voudraient avoir en mariage
    Claude, le p'tit parisien!
    Parisien... n' vous en déplaise,
    J' suis né natif de Falaise.

(PARLÉ). Y a surtout une grosse dondon, la nièce au magister, qui a d' l'inducation... c'est-à-dire qu'elle a une *teinture;* elle est *rouge*... comme un baudet... de c'te couleur là, et entêtée ! que j'ons beau lui crier (COLÈRE) Mais allais donc ! allais donc ! laissais-moi donc tranquille !... c'est comme une possédée, quoi !... alle sait que je suis n'un jeune homme pouëtique, alors alle ne me lâche jamais sans m'avoir parlais en *verses :* (IMITANT LA FEMME)

« Viens t'en dessur mes genoux, mon poulot,
« Et tu mangeras des pruneaux ! »

—Allons donc !... c'est-y que vous voulez me faire *allais* avec vos pruneaux ?... Ne sois point sourd... à mon tendre amour ! Viens donc, petit nigaud !... —allons ! allons ! laissais-moi tranquille ! d'abord, les filles ont jeté un sort à ma famille.—Mon grand-père, qu'était un chasseux d' filles, est mort par les filles ; il aura été dévoré dans queuqu' bois... mon père, qui n'pouvait point les sentir, a pris un' femme qui lui en a donné sept ; il en est mort de chagrin juste un an avant ma naissance ! si bien qu'avec mes sept sœurs, j' vas hériter d'un *huitième* de mon bien, et on veut que j' les aime !... ah ! malheur !...

Défiais-vous des filles, etc.

J' suis blasé sur les bell's femmes,
J'en ons tant vu dans c' Paris ;
Et j' puis, sur beaucoup d' ces dames,
Donner ici mon avis :
Ell's vous ont noble tournure,
D' biaux traits et... pas mal d'attraits ;
Des gamb's jusqu'à la ceinture,
Un vrai lusque de mollets...
Des p'tits pieds si p'tits, morgueune !
Qu' d'en parler c'est point la peine.

(PARLÉ). Hou... les vilaines... qu'alles sont gintilles ! (IL ENVOIE UN BAISER) ah ! malheureux ! avec des cranolines, des bouffants... beuh!!— Et tout ça s' fait appeler *Madame* gros comme l'bras... y en a même qui n'ont point pris le temps d'être d'moiselles !—Bah !... c'est ben comme partout, un peu mêlais... comme je l'disais dernièrement à Basile, man cousin : Vois-tu, que j'lui disais comme ça, toutes les filles... c'est des coquines ! d'abord, je l'ai lu dans M' Molière, et j'vas te résumer ma pensée par une comparaison :—Ainsi, tu t'en vas au marchais, bien ; tu achètes un panier d' preunes, bon !... par dessus, c'est mignon, c'est fleuri, ben gentil, ben veloutais ;... tu fouilles au fond... c'est tout *gâtais* ! et je peux t'en parler savamment, moi, car j'ons forquanté le quartier latin... et la lecture des bons ouvrages m'a formai le jugement. Ainsi, j'ai lu le *monstre Cristophe*, le *suif errant* par mossieu Eugène qui *sue; la plus saine de Balleville*, *Manon l'escroc*, et puis toutes les œuvres de *lord Piron;* par mossieu *poil de coq* et *l' chat qui expire !*—Eh ! bien, c'est la dedans que j'ons appris ce que c'est que l'amour, et je vas te l'expliquer.—Tout l' monde croit bêtement que c'est n'un petit bonhomme pas plus haut qu' ça, qui a une flèche... pas du tout !... l'amour c'est... c'est le cœur... qui se combine et se manipule... avec la rate, et qui, par un mouvement simultané et... lectrique, descend, descend jusqu'au *tubia*, (IL DÉMONTRE) là... et qui remonte, qui remonte par la *rotule*... jusqu'à la colonne de *Gibraltar* (LE DOS), c'est le terme téchenique que nous employons dedans la médecine, et qui, par le même mouvement simultané et... lectrique, qui remonte, remonte jusqu'à *losquequiputt* (LA TÊTE), *losquequiputt*, c'est toujours le terme téchenique que nous employons dedans la médecine... Et une fois l'amour arrivé là, voyez-vous, c'est fini ! on est toqué avant l'heure et l'on n'a plus qu'à suivre le régime des douches... à froid! Et pourquoi?... pour qui?... pour qu'est-ce... pour...

Défiais-vous des filles, etc.

Aussi, dès ce moment, je jure,
De n' jamais être amoureux ;
J' veux contrarier la nature
Dussè-je être malheureux,
Et quand toutes ces donzelles
Viendront m' faire les yeux doux,
Je leur dirai, mesdemoiselles,
Ben l' bonsoir, je n' veux point d' vous,
Et j' vas, contre l'incendie,
M' faire assurer pour la vie.

(PARLÉ). Au moins j'aurai une plaque d'assurance et je la porterai partout, sur mon chapeau, en guise de boucle; ça fait qu' celles qui sauront lire iront porter leurs soupirs cheu l' voisin si ça leur covient. —J'en veux point!... si plus tard y m' prenait fantaisie de me mariais, alors, je prendrais 2 ou 3 femmes à l'essai... et celle qui ferait mieux mon ménage et ma soupe serait *la bonne*... Je l'épouserais tout d' suite! mais, pour le moment, n'en faut point. —Croiriez-vous qu'on m'accuse d'avoir introduit la crinoline dans l' pays? et qu'on voudrait m' mettre sus l' dos tous les cerceaux qui ont quitté leurs tonneaux pour gonfler les jupes des femmes et des filles!—Tout ça parce qu'elles sont toujours après moi pour apprendre la manière de s'en servir. Ah! malheur! (CRI DE DÉSESPOIR EN COUVRANT SA FIGURE DE SES MAINS). Mais, mon Dieu! mon Dieu! pourquoi m'avoir fait si joli?... c'est dégoûtant! Enfin, je ne peux pas *voguer* à mes affaires sans avoir à mes trousses une bande de femmes vieilles et jeunes. (VOIX FÉMININE). Mais comment donc qu' ça s'fait?... comment que ça s' met?... (COLÈRE) Allons, laissez-moi tranquille, que diable! je n' peux pas toujours m'occuper de vos cotillons!—Au fait, vous allez voir comme elles sont vicieuses pour se venger.—Ça, par exemple, pour n'un jeune homme, c'est pas gentil. Tenez, j' vas vous l' racontais, c'est tout un roman. (IL SE RECUEILLE ET RACONTE AVEC UNE PRÉTENTION BURLESQUE). C'était par une belle matinée de printemps!... Le soleil réchauffait de ses rayons vermeils l'herbe *verte* du *vert* coteau, de la *verte* prairie —Moi, j'étais là dans un *avallon* solitaire... comme une marguerite penchée dessur sa tige et... et j'allais me livrer aux douceurs (GESTE DE NAGER) de l'*équouitation*.—Je me dépouillai donc de ma bure grossière et laissai voir des formes plus blanches que de l'*orbâtre*.—Je sentais le doux zéphir qui venait caresser ma chevelure ondoyante et ma jambe voporeuse!... je glissai donc un pied de neige et de rose dans l'onde frissonnante et je *m'alancai* plus léger qu'une nymphe... dans le flot frémissant et... dans le flot frémissant... J'avais fait n'un paquet de tous mes effets, et je l'avais mis dans n'un petit coin, je croyais qu'on ne le voyait, point. Voilà t'y pas que... pendant que je faisais, comme on dit vulgairement, *la planche*, j'entends n'un frou-frou... je regarde, et qu'est-ce que je vois?... une bande d' filles qui me r'gardait.—J' me relève et v'là t'y pas qu'une de ces effrontées saute sur mes effets et s'ensauve avec!... que j'ai t'été forcé de revenir au village dans le simple appareil de *nez* de *plume* sortant de *Londres*. J' n'avais pas même ma plaque d'*assurance*. Et vous croyez que c'est gentil, ça? pour n'un jeune homme?... ah! non! ah! non! c'est pas joli!... Défiais-vous de filles, etc.

LA POÉSIE ET LE POT AU FEU.

Air : *Quand la mer rouge apparut.*

J'étais en train de rimer
 Pour chanter Lisette,
Celle qui m'a su charmer
 Un jour de disette ;
Lorsqu'au lieu de me dicter,
Ma muse vient me chanter :
 — « N'y a plus rien chez nous.
 Donne-moi cent sous
  Fouille-toi... »
  Mais sur moi
 Je trouve un décime
 Et je perds la rime

Pourtant, je tiens mon sujet :
 Celle que je chante
Est Lise, mon tendre objet
 En tous points charmante ;
Mais, aimant très peu les vers
Ou les disant de travers....

— « La voisin' du d'ssous
Me doit quarant' sous ;
    J' vais tâcher
    D' les r'pêcher.... »
— En vain je m'escrime,
Pour trouver la rime.

Lise avait, à dix huit ans
    Mine appétissante,
Cheveux noirs et blanches dents,
    Taille ravissante...
Ses yeux appelaient les yeux,
Ses refrains étaient joyeux!...
— « Je mets l' pot au feu,
Ne l' met pas qui veut ;
    C'est très bon
    Le bouillon,
Ça chauffe et ranime. »
Poursuivons la rime.

Je voudrais vous dire encor.
    Que la jalousie
Pouvant trancher le fil d'or
    Qui seul tient sa vie,
J' n'os' plus quitter la maison,
Quand j'entends cette oraison !
— « Il faut du charbon ;
C'lui d' Paris est bon.
    Il est cher
    Mais mon cher
C'est lui qui fait prime... »
Que n' fait-il la rime !

Je ne vous ai pas tout dit :
    Ma Lise est aimable

Très spirituelle au lit
　Et fort gaie à table.
Quand le vin la met en train
Comme elle chante un refrain !...
　— « J'apporte un gros chou
　　Qui me coûte un sou,
　　　Des panais,
　　　Des navets.... »
　O muse sublime,
　Souffle-moi la rime !

Au travail, quand je suis là,
　J' l'admire, et pour cause ;
Elle fait ceci, cela,
　Et mainte autre chose.
Le temps de l' dir' c'est un fait,
Tout est fait et fort bien fait...
　T'nez, l' couvert est mis ;
　Les plats sont servis ;
　　Elle attend
　　Qu'à l'instant,
　(J' vois sa pantomime)
　Je quitte la rime.

J'arrête ici ma chanson
　Sans raison ni rime,
Chanter de cette façon
　C'est l' fair' pour la frime.
J'aurais bien dû m'en passer
Puisqu'il m'y faut renoncer.
　Car le commenc'ment,
　Comm' la fin, vraiment,
　　Ne vaut rien
　　E' j' f'rai bien
　D' garder l'anonyme :
　Au diable la rime ! —

YA PAS D'COTON

COUPLETS

Air : *Ça va bon train.*

Jadis, d'un dictionnair' de rimes,
J' m'étais pourvu, pour mieux chanter.
Grâce à lui, je disais l' contraire
De c' que j' voulais mettre en chanson,
Au point qu' ça n' rimait plus à rien.
Dans l' gros Almanach du commerce,
Maintenant, j' prends tous mes sujets
Et, sans m' gêner, j' les traite en prose;
    Ya pas d' coton !   (4 *fois*).

— C'est toi, Lise, que j' croyais sage,
Toi, dans ces riches vêtements?
— Mon cher, ça n'allait plus, l'ouvrage...
Aujourd'hui, j'ai trois logements,
Trois rob's, cinq chapeaux, dix amants.
Dans l' velours, l'acajou, j' suis mise;
J' dors la nuit, près d'un Apollon...
J'aim' mieux ça que d' faire un' chemise.;
    Ya pas d' coton !   (4 *fois*).

Pip'let, qui jadis misérable,
Dînait mal et n' soupait pas bien,
Tient aujourd'hui très-bonne table
Et de plus, a trouvé l' moyen,
D'être logé moins haut pour rien,
Après minuit, l'on appréhende
De s' voir, par lui r'fuser l' cordon,
Si, dans l' gousset, pour une amende,
    Ya pas d'coton !   (4 *fois*).

A Ventadour, un soir on m'mène,
Pour voir le fameux Tamberlick,
Qui, sur la scène italienne,
Sait empaumer le bon public...
L' fait est, qu' c'est un ténor qu'a l' chic.
On dit qu'on lui pai, chaque octave,
Mill' francs par jour!... ça donn' du ton;
A chanter d' l'ut dièze au sol grave,
  Ya pas d' coton!   (4 fois).

J'aime peu la femme fluette,
C'est maladif et trop nerveux;
Aussi, mon aimable grisette,
De la plant' des pieds jusqu'aux ch'veux
A de quoi m'charmer s'lon mes vœux.
Autour de sa beauté splendide,
Nuit et jour, je suis de planton;
C'est dur, ça n' boug' pas, c'est solide,
  Ya pas d' coton!   (4 fois.

Ma voisin' c'est tout le contraire,
A l'air d'un vrai manche à balai;
Ell' n'a ni devant ni derrière,
Bref, on peut dir' qu'ell' n'a rien d' laid,
Vu, qu'ell' cache tout ce qui plaît.
La bell' permet qu'on la courtise,
Et dit : foin du qu'en dira t-on...
On me trouv' *bien*... comm' *mamzell' Lise*...
  Ya pas d' coton!   (4 fois).

Si j'voulais en dir' davantage,
Je n' finirais pas aujourd'hui.
Ya du coton dans chaque ouvrage!
Pour l'homm' qui pioch' dès que l' jour luit;
Pour la femm' qui trim' tout' la nuit.
Mais, pour un tas de bons apôtres,
Qui s'engraiss'nt et se font un nom
En signant les œuvres des autres,
  Ya pas d'coton!   (4 fois)-

CHANSON D'AMOUR

Air : *A cinquante ans.*

Muse d'amour, daigne ici me sourire,
Pour exprimer le plus cher de mes vœux !
Je dois chanter celle que je désire :
Un gai lutin, fillette aux noirs cheveux.
Son nom charmant est tout une harmonie,
En le disant, je vois les cieux ouverts..
Muse d'amour, pour chanter Sidonie,   } bis
Ah! dicte-moi les plus doux de tes vers!

A son portrait, j'ose toucher à peine.
Comment vanter sans être impertinent,
Joli minois, petits pieds, mains de reine,
Petite bouche et... reste à l'avenant ?
Taille élégante et poitrine garnie,
Dents et cheveux, disant de tout oser ?...
Mais, je ne suis pas peintre, et Sidonie   } bis
Ne voudrait pas qu'on la fît trop poser.

Aimer, chanter, voilà son existence ;
Vénus, l'Amour, Phœbus, voilà ses dieux,
Aimer, c'est vivre ! — et, toute sa science
Est d'être heureuse en faisant des heureux.
Sans critiquer la rosière à manie
Qui cherche, fuit... et désire un amant,
Selon ses goûts, plus sage, Sidonie,   } bis
A qui lui plaît se laisse aller gaiement.

Quoique légère et décente, sa mise,
N'est pas encor la tenue en vigueur

Dans nos salons, — une simple chemise
Qui peut tomber... alors, charme vainqueur,
Dans vingt miroirs elle se multiplie ..
Malheur à qui peut tout voir à loisir !
Il doit mourir aux bras de Sidonie, } *bis*
Mais il est doux de mourir de plaisir !

Dans son boudoir où le luxe étincelle,
On peut trouver mille objets ravissants :
Quelques tableaux déshabillés comme elle,
Mais, à coup sûr, bien moins intéressants.
Car, peut-on voir une nymphe endormie
Sur un tableau qui ne dit rien au cœur,
Quand on a pu surprendre à Sidonie, } *bis*
Un mot d'espoir qui promet le bonheur ?

Plus d'une fois la rêvant ma maîtresse,
De triste nuit, j'ai fait le plus beau jour ;
J'avais tari la coupe enchanteresse
Que son ardeur, offrait à mon amour !
Quel doux transport, quelle ivresse infinie !
Mais quels regrets ! Lorsque vint le réveil ;
A mes côtés je cherchai Sidonie } *bis*
Et ne trouvai qu'un rayon de soleil !...

Allez mes vers, près de celle que j'aime,
Et dites-lui, mais, bien discrètement,
Que j'aurais dû vous présenter moi-même
Pour obtenir son doux remerciement
Car, j'ai bercé mon tout petit génie,
Du fol espoir, qu'un jour, me retenant,
Elle dira : « Tu chantes Sidonie,
Prends un baiser, j'ai dit : donnant, donnant !
Quand à genoux, pourrai-je, ô Sidonie,
Lire en tes yeux, ces mots : donnant, donnant ?

PARIS

LE BAILLY, Libraire, Éditeur de Musique,
Rue Cardinale, 6, et rue de l'Abbaye-St-Germain, 2.

Paris. — Typ. VERT FRÈRES, 8, r. Pourtour-St-Gervais

UN POMPIER
QUI S'ENFLAMME
SCÈNE COMIQUE

Musique de **Victor Robillard**

La Musique se trouve chez **CARTEREAU**, *Éditeur*
Quai de l'École, 10.

(PARLÉ). (Salut militaire). C'est moi, Eustache Jet-d'eau dit la Fleur des pompiers, connu par ses nombreux succès auprès des dames dont il était le chéri, et qui, finalement z'et définitivement, veut faire une FIN en convolant z'en première nopce, avec une fleuriste de la rue des Vertus, qu'a t'acceptée z'un rendez-vous à l'île d'amour. (regardant) Ah! voici ma princesse. (il s'avance) Charmante Félicité! (salut militaire) Salut, honneur et gloire!... si vous êtes française, touchez-là... Non!... Alors LIBERTÉ LIBERTAS, vous prendrez une demi-tasse. Garçon!... versez... assistons-nous et causons amicablement. je bois t'a votre belle santé! (il boit et s'essuie les moustaches)

> Sapeur pompeur,
> Viveur et bambocheur,
> Je sens mon cœur
> Qui brûle avec ardeur.

O blanche femme !
A vous mon âme ;
Je fais serment
D' vous aimer tendrement.

Pompier français, je suis des plus fidèles,
Et mon pays a tout mon dévouement ;
J'ai réservé mon amour pour les belles,
Avec ma main et tout' sort' d'agrément.
Si votre cœur correspond à ma flamme,
Foi de pompier, l' mien est à vous dès c' soir,
Et dans v'huit jours je vous prendrai pour femme ;
Dites un mot, pourvu qu'il soit d'espoir.

(PARLÉ). Oui, Félicité, depuis la dernière fois que je vous ai vue (c'était la première), j'ai juré de me faire cadeau de vous... circonstances et dépendances.—Vous direz à cela que vous ne me connaissez pas.—Ce à quoi je répondrai : c'est fichtre vrai !... (avec aplomb, fixe et immobile) Eustache Jet-d'eau, pompier... SANS PEUR sans proches NI REPROCHES, monté sur pilotis, (il montre ses jambes) bâti par les romains, et... par conséquent solide, (il se frappe la poitrine) 28 ans, 32 dents, cheveux et moustaches naturels, nez moyen... 4 pieds 5 pouces, habillé à neuf et fraîchement décoré. On peut entrer en possession le plus tôt possible, impasse de la Pompe, n° 6, vilain endroit ; mais comme on dit : tout chemin mène à la mairie.—Ça peut-il vous aller ?... répondez, ô Félicité ! car...

Sapeur pompeur,
J'étais un peu noceur ; etc.

Brune à l'œil noir, au feu de ta prunelle,
Mon pauvre cœur, hélas ! s'est enflammé ;

Entretiens l' feu, va jusqu'au bout, cruelle !
Puisque je suis t'à demi consumé.
J'avais l' pompon pour enjoler un' fille,
Et des mamans je faisais l' désespoir ;
Mais près de toi, fleuriste trop gentille,
Oui, près de toi, je perds tout mon savoir.

(PARLÉ). Oui, fleuriste enchanteresse, tu m'as subjugué ! moi qui ai vu des femmes de toutes les couleurs, brunes, blondes, GRISES... les rouges même ne m'ont jamais fait peur... couleur de FEU, en qualité de pompier j'ai su LES TEINDRE, (riant) hi ! hi ! hi ! Le pompier z'il a toujours le mot pour rire. —Mais voilà le fin mot.... aujourd'hui que je suis VEUVE, je M'EMB...NUIE au superlatif et j'oublie tout pour toi.—Oui, brune appétissante, SOUFFRE que je te recrute, car l'ÉTINCELLE de ton regard a pris à l'AMADOU de mon cœur de PIERRE... je suis EMBRASÉ, PHOSPHORISÉ, et... je dépose CASQUE et BRIQUET aux genoux de tes charmes (avec passion) Ils sont si gentils tes petits... pieds... oh !...

   Sapeur pompeur, etc.

Je s'rai l' mari le plus sage du monde,
L'âge m'a pris presque tous mes défauts ;
Je ne bois guère et jamais ne gronde,
Dans mes attraits on ne voit rien de faux.
Bon pied, bon œil, l'humeur pas trop jalouse,
Et toujours prêt à faire mon devoir ;
J'apporte un cœur tout neuf à mon épouse,
S'il a servi... c'est qu'il voulait savoir.

(PARLÉ). Car ce n'est pas tout que d'aimer, faut encore savoir et... pouvoir, et je crois que je sais. Au surplus, il est inutile d'énumérer ici tous les sujets d'études académiques que j'ai traité en vers ou en prose, cela n'ajouterait rien à mon amour pour toi, ô Félicité! fais LA MIENNE, et je te dédierai tout le poëme de mon célibat de vingt ans.—Je veux t'adorer, t'idoler, te mettre dans du coton et t'apprendre... la gymnastique.—De grâce, ne me mets pas dans la nécessité de renoncer à mes POMPES et à mes OEUVRES; car alors, je n'aurais plus qu'à me plonger dans le grand réservoir qu'on appelle la Seine, et... j'aime mieux finir mes jours auprès de toi... (s'interrompant tout-à-coup) Oh! pardon! est-ce que je t'ai tutoyée?... faites pas attention, quand on dit TU, ça ne veut pas dire ASSOMME, et puis... nous autres pompiers nous marchons souvent sur les TOI.—Réfléchis donc, ô mon ange! je te donne une demi-heure... demain j'irai chercher ta réponse... (suppliant) seulement CINQ JOLIES PETITES LETTRES (épelant sur ses doigts) V,O,U,I,T, V,O,U,I! je ne tiens pas t'à l'ostographe... c'est convenu?... (il envoie un baiser) au revoir, mon étoile.

Sapeur pompeur, etc.

LA PRIÈRE

AIR : *Faut l'oublier*

Priez, priez, car une femme
Devient ange étant à genoux;
D'un nard délicieux et doux,
La prière parfume l'âme.
Quand sous votre front radieux
La piété se montre si belle,
Dans la flamme de vos beaux yeux,
L'amour repose sous son aîle,
Priez, priez, le roi des cieux. } *bis*

Moi, pauvre enfant de la folie,
Qui, joyeux, vais toujours chantant,
Je deviens rêveur à l'instant
Lorsque je vois quelqu'un qui prie.
Soudain, dans mon cœur soucieux,
Je ressens je ne sais quel vide...
Des pleurs passent devant mes yeux,
Comme au ciel un nuage humide...
Priez celui qui règne aux cieux.

Un jour de peine solitaire,
D'un temple je franchis le seuil,
Et je vis une femme en deuil
Prier dans l'ombre et le mystère.
Des pleurs s'échappaient de ses yeux,
C'était vous!... que vous étiez belle
Dans votre oubli religieux,
Vous pleuriez comme une immortelle,
Priez celui qui règne aux cieux.

Et moi, pensif à votre vue,
J'oubliais toutes mes chansons;
Ma musette aux folâtres sons
S'enfuit comme elle était venue.
Soudain, redevenant pieux,
Je disais, debout sur la pierre :
Là-haut, n'arrivent tous nos vœux
Que sur l'aile de la prière :
Priez celui qui règne aux cieux.

Priez! priez! nous, fous convives,
D'une fête sans lendemain,
Sans penser à notre chemin
Nous cueilons les roses des rives.
Comme un vase délicieux
Que l'on vide jusqu'à la lie,
Pauvres poëtes amoureux,
Tandis que nous pressons la vie
Pour nous priez le roi des cieux.

VIENS !
IDYLLE

Air des *Coquilles* (Debraux)
ou : *Tu ne vois pas, jeune imprudent.*

Un baiser, rien qu'un doux baiser,
Donne-le moi, ma toute belle !
Sur mes lèvres viens le poser,
Rose, ne sois pas si cruelle,
Tu me vois mourir de douleurs ;
Il fait nuit, viens dans ma chaumière,
Viens, mon lit est semé de fleurs,
La paille en est fraîche et légère.

Viens, je dormirai sur ton sein
Comme un faon couché sur la neige ;
Des amours, le joyeux essaim,
Nous gardera comme un cortège.
Pour être heureux, foin des grandeurs,
Le bonheur des rois ne rit guère ;
Viens, mon lit est semé de fleurs, etc.

L'aube viendra nous éveiller,
Nous entendrons les tourterelles,
Au-dessus de notre oreiller.
Roucouler leurs chansons nouvelles.
Alors à nos chastes ardeurs
Tout sourira, le ciel, la terre ;
Viens, mon lit est semé de fleurs, etc.

Puis, nous irons sous les treillis
Et tu presseras dans la coupe
Les raisins que j'aurai cueillis,
Et les amours boiront par troupe.
Que me feront les vains honneurs ?
J'aurai tes baisers et mon verre !
Viens, mon lit est semé de fleurs, etc.

BRIC-A-BRAC
LE BROCANTEUR
SCÈNE COMIQUE
Musique de **Charles Picard**

La Musique se trouve chez CARTEREAU, éditeur
Quai de l'Ecole, 10.

(Voix chevrotante.)
Je suis brocanteur honnête,
J'achète et je vends de tout ;
Chez l'étudiant, la lorette,
Connu... car je vais partout.
A l'un, je vends au comptant,
A l'autre, *à tant par amant.*

(PARLÉ). Le mot a beau être vieux, Gavarni l'a fait pour moi... c'est qu'avec les uns j'ai plutôt à *acheter* qu'à vendre, et... comme je paie comptant, je me rattrappe avec les *autres*. Aussi ces dames ne me paient jamais... d'ingratitude, et, elles font si bien payer leurs *faveurs*, que je puis, sans crainte, leur confier mes *rubans,* mes soieries, mes velours, et jusqu'à mes bijoux *antiques*... qui sont toujours en *toc*. .

Je suis un habile antiquaire,
   Papa Bric-à-Brac ;
Venez, j'ai d' quoi vous satisfaire

Si vous avez l' sac.
Après l' marché j'offre un p'tit verre } bis
De mon vieux cognac.

J'ai faïence et porcelaines,
Joyaux, coraux et cristaux,
Bijoux, montre d'or et chaînes,
Pierres fines et métaux...
Des maîtres vieux et nouveaux,
J'ai sculptures et tableaux.

(PARLÉ). Et une vraie galerie!—Remarquez d'abord l'incendie du GRAND CONDÉ; voyez comment les pompiers de service manœuvrent et vont au feu... et comme les parisiens se *remuent à l'appel*... des voisins? En voyant tous ces *marchands* sur leurs portes, on se demande ce que les *marchan*... *dises* von t devenir: la part du *feu*, la proie des *flammes*. Ad'mirez le grand Christophe COLOMB qui, aimant beaucoup les *belles*... *découvertes*, découvrit la *mèr*... *ique* avec un vaisseau à *voiles*, et comme il était sans *connaissance* dans le pays il en fit sa *colombe*, et devint le premier *colon* de sa *colonne*.—Voici une petite toile représentant des *poules*, par *Lecoq*; à côté deux petits *Poussin* que ne paieraient pas trois poules aux œufs d'or de Rembrandt.—De ce côté les statues du bon roi Henri IV, de Néron, un des plus *mauvais* et de *Pyrrhus* le roi *d'Epire*. — Cet autre, c'est Charles IX ; il *regarde* un almanach du temps et *voi*... *la St-Barthélemy* qui, ayant mené une *vie d'ange*, mourut en *bonne odeur de* sainteté.—Voici une Vénus *antique*... *en terre* à moitié *cuite*, car les bras sont cassés et les *seins*... sont restés dans leur *niche*. Elle m'a été rapportée de la villa Médicis par un amateur de *Rome*.—Cette dernière statue vous représente le *Temps*... avec *Sapho*... l'artiste a choisi le moment où la célèbre *poétesse* a déjà fait le *saut*... de Leucade... la *sotte!* aussi le *Temps plié* semble exhaler sa douleur d'être représenté sans *sa faulx*, car il ne peut marcher sans *ailes*.

Je suis un habile antiquaire, etc.

Je tiens des dictionnaires
Anglais, latins et français,
Des codes, des formulaires
Et des recueils de procès ;
J'ai plus d'un gros manuscrit
Lisible et très bien écrit.

(PARLÉ). Et des autographes!... ah! les autographes... même sans *orthographe*... comme ça se vend!—Il est de fait qu'on ne saurait connaître un homme *avant la lettre*.—Aussi j'ai des lettres de presque tous les gens de lettres contemporains... sans compter les *lettres de Voiture*, celles de Madame de Sévigné, les *lettres persanes* de Montesquieu et les Provinciales de *Pascal.* Bref, j'ai des autographes de toutes nos célébrités : un billet *chaud* d'Eugène SUE ; un poulet *froid* de Geoffroid l'acteur ; sept ou huit *notes* de Rossini ; quelques mesures de Meyerbeer, Auber, Halevy ; des lettres de *Legrand* Frédéric... le maître, à son confrère *Beauvallet.* d'Ernest... Capendu ses amis, *Barrière*, *Dumaine* et Henri de Pène ; Deschamps... *tours* Duprez, Dupont, qui ont encore du *charme* et du ton... *Desnoyers*, *Dubois*, *Duchesne*, *Dufresne*... toujours *du bois.*—Enfin, j'ai quatre auteurs aux prénoms commençant par la lettre A et dont les noms pourraient s'écrire en chiffres : Albéric SECOND, Alfred 1/2, Adolphe 1/3, Alphonse 1/4... Voilà au moins de quoi faire un ANTIER, et je les donne pour la moitié de leur valeur.

Je suis un habile antiquaire, etc.

Si je me trouve en affaire,
Lorsque vous vous présentez,
Vous parlez à la première
De tout's mes antiquités,
Lisette aux ch'veux argentés,
Dont les attraits fur'nt chantés.

(PARLÉ). C'est vrai!... et par Béranger, rien que ça!... je l'ai prise dans le quartier latin, il y a trente ans, elle y était très connue, et pas un étudiant ne l'abordait sans lui dire: Bonjour, *ma vieille!* —Ah! c'est que ce n'est pas une épouse *ordinaire*; d'abord, nous ne sommes pas *mariés!*... et depuis trente ans elle prend mes intérêts et fait le commerce comme pour elle.—Entrons dans la salle des reliques: Voici d'abord le casque de Don Quichotte, ce héros de *Cervantes* qui, voulant soutenir que sa *bonne* était la plus belle, avait assez de *Sancho*... pour écuyer, et trop de *sang froid* pour combattre des moutons et des moulins... *avant*.—Le *saladier* dans lequel le sultan *Saladin* faisait de la salade avec les *perles* des jouvencelles que la pièce dit... *Turquoises* et l'histoire... *Romaines*.—Voyez ce coffret, c'est un vrai bijou, il contenait jadis ceux de la célèbre CLAIRON; il y manque les *cuivres*... mais il est bien monté *encor;* je vais lui faire mettre des ferrures et des *serrures* pour qu'il se vende et... *ferme*.—Remarquez tous ces *os rangés*, ce sont d'abord un *os* de SAMSON dit l'HERCULE de l'*Ecriture*, mais qui, ajoute-t-on, n'était pas si fort pour la *lecture*... Voyez les *ciseaux*... avec lesquels *Dalila* fit la queue à *Samson* pendant *Sam sommeil*.—Voici différents petits *os* des saints du calendrier, y compris *Cin... cinnatus*. Ces petits *os* ont fait plus de miracles que les *os* de *saint CLOUD*, les *eaux* de Vichy et celles de Versailles!—Mais il est temps de prendre du repos.—Examinez enfin ce vase que l'on

prendrait pour un simple *pot*... *de nuit*, et qui vu de *jour*, offre aux regards une épisode en miniature de l'armée d'Italie à l'*embouchure* du *Pô*... c'est le moment où le général crie à ses soldats : Camarades ! *passez-moi le Pô!*... S'il est vieux, celui-là, passez-moi le *mot*... il est bien à moi, car avant tout
   Je suis un habile antiquaire, etc.

LES RÊVES RÉALISÉS

CHANSONNETTE

POUR UNE MARIÉE

AIR : *Femmes, voulez-vous éprouver,*
ou : *Ses yeux disaient tout le contraire.*

Le mariage a fait vraiment,
Du bruit dans ma pauvre cervelle :
Pendant trois nuits, chaque moment
Me traçait image nouvelle.
Par ces tableaux, mon cœur séduit,
Palpitant de joie, et, pour cause ;
C'est que j'espérais qu'aujourd'hui,
Quelqu'un me dirait quelque chose. *bis*

La *première* nuit, je rêvais
Que ma main était demandée

Et que, d'avance, je savais
Qu'elle devait être accordée.
On me présentait un époux
Qui me disait : Je vous adore !
En ajoutant m'aimerez-vous ?
Moi ? — je n'en savais rien encore. } *bis*

La *deuxième* nuit m'enchantait ;
Mon alliance était signée.
Dès la *troisième*, on apportait
Ma parure de mariée.
Au réveil, la réalité
Ne me trouvait plus indécise.
Mais, en voyant la vérité,
Je rêvais encore à l'Eglise. } *bis*

L'époux que j'aime avec ardeur,
Pour moi, brûle de même flamme.
Il a dit : *oui*, de tout son cœur
Et j'ai dit : *oui*, du fond de l'âme.
Je suis à lui, son doux regard
En trois nuits m'a prouvé qu'il m'aime
Et, — je vous conterai plus tard
Les songes de la *quatrième*. } *bis*

PARIS

LE BAILLY, Libraire, Editeur de Musique,
Rue Cardinale, 6, et rue de l'Abbaye-St-Germain, 2.

Paris. — Typ. VERT frères, 8, rue François-Miron.

MON DERNIER JOUR

Air de *Garrick*,
ou : *Je le conserve pour ma femme.*

Gais chansonniers, entourez-moi de fleurs,
Et dans ma coupe à chaque instant tarie,
Versez, versez, vos plus douces liqueurs.
Puis, laissez-moi quitter ma triste vie.
C'est dans vos bras que je voudrais finir ;
Que je voudrais faire passer mon âme.
Heureux, celui, qui se sentant mourir,
Est entouré de chansons, de plaisir,
D'amis aimés et d'une femme ! (*bis*).

Depuis longtemps, je le demande à Dieu,
Et, Dieu voudra me l'accorder sans doute,
Quand vous saurez que mon trépas a lieu,
Vous vous direz : Heureuse fut sa route.
Quoique indigent, des jours il sût jouir,
Un ciseau d'or vient d'en couper la trame.
Heureux, celui, qui se sentant mourir,
Est entouré de chansons, de plaisir,
D'amis aimés et d'une femme ! (*bis*).

Pourtant, amis, ne versez pas de pleurs,
Ce dernier jour doit passer sans nuage,
Dans le bon vin endormez les douleurs ;
Enterrez-moi sous quelque frais ombrage.
Point de tombeau devant m'enorgueillir ;
Un lieu paisible est ce que je réclame...
Heureux, celui, qui se sentant mourir,
Est entouré de chansons, de plaisir,
D'amis aimés et d'une femme !   (*bis*).

Que le passant puisse toujours s'asseoir,
Au bord fleuri de ma tombe isolée ;
Et qu'alentour, viennent danser le soir
Les gais voisins de la triste vallée.
Que Philomèle au retour du zéphyr,
Par ses doux chants puisse éveiller mon âme :
Heureux, celui, qui se sentant mourir,
Est entouré de chansons, de plaisir,
D'amis aimés et d'une femme !   (*bis*).

Gais chansonniers, en attendant ce jour,
Rions, chantons, buvons à tasse pleine
Que nos doux luths, inspirés par l'amour,
Par leurs accents puissent bannir la peine.
Chantons, dansons ; mon vin ne peut tarir ;
Ma mie est bonne, elle m'aime et m'enflamme...
Heureux, celui, qui se sentant mourir,
Est entouré de chansons, de plaisir,
D'amis aimés, et d'une femme !   (*bis*).

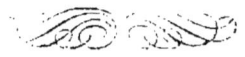

DERNIER CHANT

(1849)

Air : *Je vais revoir ma Normandie,*

Ami, retire cette tasse :
Ai-je besoin de vins exquis,
Lorsque je vois, avec audace,
Mettre dans les fers mon pays !
Un peuple entier souffre et soupire
Il se plaint... mais c'est en secret ;
Ami, je vais briser ma lyre :
Je ne veux plus ni chansons, ni banquet.

Pour que l'oiseau chante et soutille
Il lui faut l'air et le soleil ;
Il faut, qu'en son nid de charmille,
Tout bas, ne pleure son pareil.
Ami, que ferais-tu toi même,
Si ce que tu chéris souffrait ?
Je vois souffrir tous ceux que j'aime :
Je ne veux plus ni chansons, ni banquet.

La Liberté, chaste déesse,
Voit cent bras d'esclaves impurs,
Trainer son char hors de Lutèce,
Puis le briser contre ses murs !
O ne me verse point à boire !
Laisse-moi seul à mon regret...
Tout est perdu, hors notre gloire...
Je ne veux plus ni chansons, ni banquet.

FIN.

TABLE ALPHABÉTIQUE
DES
CHANSONS, ROMANCES ET CHANSONNETTES COMIQUES

	Livraisons—Pages
Absinthe (l'), *couplets*	9— 97
A cinquante ans, *chanson*	15—169
A la liberté de la presse, *oraison funèbre*.	11—130
Alphabet (l') de la gloire, *rond. patriotiq.*	10—109
Ambition (l') du poète, *chanson*	1— 11
Amours (les) de Fanfan le joli tambour.	5— 49
Babylone, *chant des esclaves*	1— 8
Baptême (le) du petit Nicodème, *chansonn.*	1— 1
Baron le Cabotin, *chansonnette comique*	6— 61
Bête comme chou, *dicton populaire*	2— 13
Billets doux	3— 35
Blanche Marguerite, *bluette*	6— 67
Blondine, *historiette*	10—111
Bonheur, Amour et Gloire, *chimère*	4— 48
Bonhomme (le) Picard	8— 92
Bric-à-Brac le Brocanteur, *scène comique*.	19—223
Briguedondaine (la), *balançoire franco-autrichienne*	16—185
Capiau (le) crevé, *chansonnette normande*	11—127
Chanson d'amour	18—215
Chanson (la) de la folle, *romance*	6— 64
Chanson de noce	4— 40
Chant des volontaires français	17—201
Charité (la), *couplets*	9—101
Chasseur (le) de la montagne	9—105
Chez Mariette	4— 42
Cidre (le) de Normandie	3— 25
Cinq (les) sous du prolétaire, *ronde*	7— 82
Concours de jolies filles, *rond. proclamat.*	9—103
Dans un grenier qu'on est mal à 20 ans.	13—150
Dans le hunier, *marine*	16—190
Défiais-vous des filles, *scène comique*	18—205
Diogène à Paris	1— 4
Drapeau (le) tricolore, *souvenirs d'enfance*	16—181
Drin, drin, *chansonnette*	2— 24

Elixir (l') de Suzette, *chansonnette*	1— 6
Embarras (les) d'un chansonnier, *chans*.	17—198
Enfant (l') de la montagne, *boléro*	10—113
En v'là d' la politesse	17—195
Famille (la)	10—115
Farandole, *boléro*	4— 46
Fête (la) du mois de mai, *ch. programme*	5— 58
Figaro (le) normand, *chansonn. comique*.	11—121
Fluidomanie (la), *a-propos*	13—152
Gondolier (le) de Venise, *sérénade*	14—163
Goût (le) pour la plume, *chanson*	5— 52
Grand (le) petit Poucet, *tour en 34 couplets*	12—133
Griefs (les) du titre de citoyen	13—155
Jacquot l'annexé, *chansonnette*	16—183
Jean Normand après les glorieuses	4— 43
Je t'aime encore, *lamento*	11—132
Jeune (la) malade, *romance*	16—191
Jour (le) de l'an, *rondeau*	2— 15
Lampions (les)	3— 32
Leçon (la) donnée par un zouave à un autrichien	16—187
Légende (la) de la bergère, *ballade*	6— 66
Louanges (les) de la puce, *chansonnette*.	6— 69
Mariage (le) du brigand, *légende*	8— 87
Ma pauvreté	7— 77
Mathieu Zéphir l'aimable verseur	8— 94
Message (le) de la captive, *orientale*	11—129
Michel archange, *chanson*	2— 20
Midas	4— 38
Moi ça m'amuse, *chansonnette*	5— 54
Mon ami quand même, *doux reproche*..	3— 28
Mouchoir (le) de Jean, *conte*	5— 60
Mythologie (la) en plein vent, *scène com*.	7— 73
Nini la fleuriste, *romance*	3— 30
On bat le rappel	3— 33
Paris en carnaval, *quadrille chantant*...	14—158
Pauvre fille, pauvre mère, *berceuse*	2— 18
Pauvre gaudriole	14—161
Pédro l'aventurier, *boléro*	14—164
Petite (la) chanteuse, *romance*	9— 99
Petit (le) savoyard, *romance*	10—117
Pierre au départ, *romance*	12—143

Poésie (la) et le pot au feu	18—240
Pompon la bachelière, *chansonnette*	9—107
Prière (la)........................	19—220
Qu'est-ce qu'aimer, *amourette*........	6— 71
Refrain (le) des Girondins............	6— 63
Religieuse (la), *romance*	8— 96
Réponse (la) de la fleurette..........	17—197
Réveil (le) de la liberté, *chanson*......	2— 22
Réveil (le) d'une jeune fille, *rêverie*....	5— 56
Rêves (les) réalisés, *chansonnette*.....	19—227
Rose d'amour, *romance*	4— 37
Rose, Marie, Marguerite, lequel des trois.	14—157
Rouges (les) et les blancs, *vaudeville*...	8— 90
Semaine (la) d'un lovelace parisien, *rond.*	3— 31
Sonnet............................	4— 45
Sonnet............................	6— 65
Sonnet d'album	2— 23
Sonnet à un patriote de circonstance ...	10—116
Sonnet à une jeune marraine.........	4— 39
Soupe (la) aux choux, *chanson*........	11—125
Sultane (la) favorite, *romance*.........	10—114
Sur un album, *couplet*...............	4— 41
Te Deum du père Duchêne	10—118
Toqués (les) ou la promenade à Bicêtre...	7— 79
Un bon vieillard....................	17—203
Un pompier qui s'enflamme, *scène comiq.*	19—217
Un restaurateur, *rondeau*	3— 36
Un tyran de village.................	1— 9
Une soirée dans Breda-Street.........	14—166
Vie (la) du zouave, *ronde du bivouac* ...	17—202
Viens, *idylle*......................	19—222
Vieux (le) garçon sans soucis, *scène com.*	17—193
Vieux (le) quartier latin ou les adieux d'un étudiant.....................	13—145
Voisin et voisine, *opérette*............	15—171
Ya du coton, *mot donné*	8— 85
Ya pas d'coton, *couplets*............	18—213

PARIS

LE BAILLY, Libraire, Éditeur de Musique,
Rue Cardinale, 6, et rue de l'Abbaye-St-Germain, 2.

Paris. — Typ. VERT frères, 8, rue François-Miron.